TEXTES LITTERAIRES

Collection dirigée par Keith Cameron

LXXXVI

L'ART DE REGNER

L'ART
DE REGNER
Tragicomedie
A PARIS, Chez Toussaint Quinet, au Palais. Auec Priuilege. 164

GILLET DE LA TESSONERIE

L'ART DE REGNER

Edition critique

par

P. E. Chaplin

University of Exeter

1993

Acknowledgement

The illustrations are reproduced by kind permission of the Trustees of the British Library.

First published in 1993 by
University of Exeter Press
Reed Hall
Streatham Drive
Exeter EX4 4QR
UK

British Library Cataloguing in Publication Data
A catalogue record for this book is available from the British Library

ISSN 0309-6998
ISBN 0 85989 396 0

Typeset by Sabine Orchard
Printed in the UK
by Antony Rowe Ltd, Chippenham

INTRODUCTION

> 'Apres avoir fait cet ouvrage pour le Roy, toute la France m'a solicité de le remettre entre vos Mains, et l'envie de la satisfaire jointe à la complaisance que nous devons avoir pour notre gloire, m'a fait prendre ses sentiments pour une loi.'[1]

Comme tous les auteurs de son époque, Gillet de La Tessonerie débite à son patron les compliments d'usage. Il se félicite du succès de sa nouvelle création, dont le thème semble refléter la gloire du dédicataire, car le Maréchal de Bassompierre était, selon certains, sur le point de devenir gouverneur du jeune prince qui avait accédé au trône en 1643. Une référence discrète à la disgrâce du Maréchal, détenu pendant douze ans à la Bastille en attendant le bon plaisir du cardinal Richelieu, permet au dramaturge de tourner le malheur du dédicataire au profit de la morale de sa pièce.

> '... il est quasi necessaire que la fortune ayt mis sa prudence (celle du gouverneur/Bassompierre) à l'espreuve, afin qu'en recognoissant par quels biais elle nous ataque, il sache opposer un remede à sa violence, & donner par son propre exemple le secret d'en triompher.' [2]

Malheureusement, les jours du Maréchal étaient déjà comptés, et en 1646 il était mort. L'auteur dramatique, qui a sa carrière à faire[3], montre sa loyauté en précisant les meilleurs moyens d'élever l'héritier de France. Le sage gouverneur doit enseigner par l'exemple, afin que ses exploits et ses expériences vivent dans l'esprit de son élève,

> 'Il est des Tallents necessaires pour instruire nos Princes que l'on ne puise point dans la vieille Escolle, il faut des adresses qui ne partent que de l'experience, ...'[4]

Si ces conseils rappellent la querelle entre Don Diègue et le père de Chimène, c'est sans doute que le jeune auteur est imbu des oeuvres de son célèbre contemporain, comme ses propres créations dramatiques le révéleront.

Quant à la politique si nécessaire pour gouverner un état, Gillet de La Tessonerie ne prétend nullement posséder la science requise. Son

---

1 *Epître dédicatoire* de l'*Art de Régner*.

2 Ibid.

3 La date de naissance de Gillet n'est pas connue, mais des références contemporaires suggèrent qu'il avait environ vingt ans en 1640. Voir: *Dictionnaire de littératures de langue française*, (Paris, Bordas, 1984) p. 923.

4 *Epître dédicatoire.*

unique désir est de plaire et d'instruire. Son intention, en composant son poème dramatique de *l'Art de Régner*, est de montrer 'l'éducation d'un jeune Prince'[5]. Le projet sera exécuté en présentant quelques divertissements exemplaires, comme le moyen le plus sûr d'épargner à cette jeunesse 'les veilles du cabinet' et 'les lectures épineuses de l'histoire'.[6] Ce sera donc 'par le spectacle de la Comedie'[7], que l'auteur se propose de révéler à son prince les secrets du pouvoir,

> 'Luy proposant des Monarques vertueux pour exemple & des Princes deffectueux pour l'objet de son aversion.'[8]

Les exemples proposés mettront en valeur les qualités nécessaires pour un monarque, à savoir la justice, la clémence, la générosité, la continence et la libéralité, représentées, comme il se doit, de façon à captiver ou à rebuter le spectateur. Les indications complaisantes données par l'auteur invitent à conclure que l'enfant-roi avait vu cette pièce, mais des informations plus précises sur l'accueil accordé par son public n'ont pu être retrouvées. Néanmoins, la chronologie des éditions de *l'Art de Régner* montre que la pièce avait ses partisans; une première édition en 1645, un deuxième tirage en 1646, une nouvelle édition en 1648. Elle figure aussi sur la liste des pièces au répertoire de l'Hôtel de Bourgogne dressée par Mahelot[9]. Plus tard, elle fera le voyage de Schleswig et d'Amsterdam, en versions allemande et néerlandaise[10].

Pour les historiens de la littérature française au vingtième siècle, l'intérêt de Gillet de La Tessonerie consiste principalement en ce qu'il a composé deux tragi-comédies de forme apparemment nouvelle[11]. *L'Art de Régner* est la seconde de ces tragi-comédies en cinq actes, qui représentent cinq actions différentes, cinq 'pièces dans la pièce'. La première s'intitule le *Triomphe des Cinq Passions* imprimée en 1642[12]. Le sujet de cette pièce est en effet le triomphe de la raison sur des passions répréhensibles, et chacune des pièces exemplaires est du genre tragique. Les intrigues, disparates, sont liées par la présence d'un sorcier. Inspiré sans doute par l'*Illusion Comique*, Gillet de La Tessonerie met en scène un magicien maître de cérémonie, qui conjure des 'Fantosmes parlans' venus des enfers pour jouer les actions nécessaires afin de guérir de ses passions irrépressibles, Arthémidore, gentilhomme grec.

Dans l'*Avertissement au lecteur* du *Triomphe des cinq Passions*, l'auteur avoue assez ingénûment que les fables choisies ne conviennent pas

5 Dessein du poëme de l'*Art de Régner*.
6 Ibid.
7 Ibid.
8 Ibid.
9 H.C Lancaster: *Le Mémoire de Mahelot*, (Paris, Champion, 1920) p. 53.
10 La liste des éditions de l'*Art de Régner* se trouve à la fin de notre Introduction.
11 Voir H.C Lancaster: *French Dramatic Literature in the XVIIth Century*, Pt 2 Vol.2, pp.636-638.
12 Op.cit. Pt 2 Vol.2, pp. 399-401.

tout à fait aux vices qu'il a voulu mettre en scène, et il s'excuse de cette maladresse qui a pu dérouter le spectateur. Mais s'il implore l'indulgence du public pour la matière, il n'en demande pas pour la composition. La défense, cependant, implique des attaques sans indulgence.

> 'Quand cet ouvrage n'auroit de beau que sa nouveauté, c'est assez pour exciter l'envie à vomir son venin à l'encontre. Mais que ces Messieurs en disent ce qu'il leur plaira, tousjours est-il vray que la pièce toute deffectueuse qu'elle est, peut donner de l'instruction.'[13]

Trois ans plus tard, Gillet revenait à cette structure particulière avec son *Art de Régner*. A la place du sorcier et de son client, il met Polydore, le sage gouverneur, et un jeune prince. Comme l'auteur l'annonce dans l'épître dédicatoire, 'Ce Titre de l'*Art de Regner* & du sage Gouverneur ne demande point d'explication', suggérant ainsi que les titres de gouverneur et de prince désignent le maréchal de Bassompierre et Louis XIV.

Les différentes actions s'enchaînent, comme dans le *Triomphe des cinq Passions*, par de courtes scènes intercalées où le gouverneur et son élève parlent de ce qu'ils viennent de voir et annoncent l'action à venir. L'action se situe dans 'un palais d'Athenes', et au début de chaque pièce, le gouverneur présente son thème, recommandant à son élève de garder le silence afin de profiter du spectacle. A la différence du *Triomphe des cinq Passions*, les acteurs ne sont pas des fantômes, mais des comédiens,

> Le Gouverneur:
> J'ay chez moy de grands hommes,
> Les merveilles de France & du siecle où nous sommes,
> Qui meslant l'artifice avec le jugement
> Savent avec tant d'art despeindre un mouvement
> Et ces bouillants desirs qui souvent nous tourmentent
> Qu'on diroit à les voir qu'eux-mesmes les ressentent. (vv.37-42)

Cette fois la diversité est assurée par une alternance savante de tragédies et tragi-comédies, dont le mélange a sans doute beaucoup contribué à la bonne réception accordée par le public à cette pièce. En offrant cette variété, Gillet vise la gamme des émotions susceptibles d'être provoquées chez le spectateur. Il résume dans son Dessein du poëme de l'*Art de Régner* les effets recherchés, ' les belles impressions & la teinture des bonnes moeurs', 'l'émulation ... des objets vertueux', 'l'horreur .. pour les malheurs que le vice traisne à sa suitte'.

---

13 L'*Avertissement au lecteur* du *Triomphe des cinq Passions*.

La décision d'offrir au spectateur un menu si varié révèle un certain développement chez l'auteur depuis son premier essai dans cette nouveauté dramatique. Gillet avait compris le goût de son public et, si ce goût ne devait pas être durable, n'allons pas chercher noise à l'auteur qui a voulu servir son public. Il est inutile d'insister sur la tyrannie de la forme, qui empêchait si souvent les frères Parfaict, entre autres, de comprendre l'oeuvre de leurs précurseurs, mais leur article sur l'*Art de Régner* montre combien ils étaient loin d'apprécier l'importance de la dramatisation qui anime ce théâtre;

> ' ... il (Gillet) fait faire les réflexions convenables au jeune Prince, qui paroît plus satisfait, que vraisemblablement le Spectateur n'a dû l'être. C'est au Lecteur à en décider.'[14]

L'adverbe nous signale la partialité de leur jugement. En confondant le spectateur et le lecteur, la critique se méprend sur le vrai caractère de ce théâtre.

Les sources de l'*Art de Régner* montrent que Gillet partageait la préférence de ses contemporains pour l'authenticité garantie par l'antiquité. Il recourt à Plutarque, comme il l'avait déjà fait pour *Le Triomphe des cinq passions*, où il avoue, dans son *Avertissement au Lecteur*,

> 'Plutarque est ma caution en ses Collations des Histoires Grecques & Romaines.'

Dans L'*Art de Régner*, quatre sur cinq des intrigues trouvent leur origine dans *Les Vies*[15], avec tout ce qu'elles ont de grandiose, d'héroïque, de moralisant, de documentaire. Malgré son admiration pour celui qu'il appelle 'ce philosophe', Gillet n'est guère fidèle à ses sources, car il ajoute à ses emprunts cette imagination qui fait l'essentiel de son théâtre. Dans son *Avertissement au lecteur* du *Triomphe des cinq Passions,* Gillet tente une définition de son art, isolant 'le merveilleux et l'hystorique' comme des qualités qui s'y rencontrent. Si l'aspect historique de son oeuvre est largement emprunté à Plutarque, le merveilleux est le propre de Gillet lui-même, dans l'*Art de Régner* comme dans son avant-coureur.

---

14 E. & C. Parfaict: *Histoire du théâtre françois* (1746), (Burt Franklin Reprint, 1968) t.6, pp. 358-359.

15 Pour les sources de l'*Art de Régner,* consulter les Notes qui accompagnent le texte.

La Dynamique de l'Art de Régner

Le cadre composé par le rôle du Prince et son Gouverneur permet à Gillet de lier les éléments disparates de sa pièce. En plus, le rôle du Prince, constamment invité à regarder et à faire attention sans poser de question, (vv. 46, 450, 876, 900, 1368, 1811) peut être associé à celui du spectateur, tandis que le Gouverneur ne saurait être autre que l'auteur, qui cherche à capter l'attention du public, et les louanges émerveillées que Gillet fait énoncer par le Prince à la fin de chaque pièce devaient sans doute influencer la réponse de la salle.

La première pièce, une tragédie, repose sur une intrigue dépouillée, presque racinienne avant la lettre. Quand Minerve fait son entrée en scène, elle s'est déjà vu refuser la justice qu'elle avait revendiquée auprès du roi. Le droit naturel et la loi du pays donnent raison à cette femme violée, qui a toutes les chances d'exprimer son point de vue dans le monologue qui ouvre la pièce. Minerve, décidée de se venger sur son ravisseur Atalle, ami de Philippe de Macédoine, commence à censurer le roi. Dans son monologue, elle exprime cette pensée qui se développera logiquement au cours de l'action, que le roi, s'il n'accepte pas de punir le coupable, est responsable du crime de celui-ci. Pour l'héroïne, le roi et son ami se ressemblent,

> Soustenant un mechant on commence de l'estre. (v. 68)

La distinction entre les deux hommes s'estompera dans la mesure où le roi Philippe refusera d'agir. Minerve, pourvue d'un poignard pour tuer soit son ravisseur, soit elle-même, offre déjà toutes les possibilités d'un dénouement funeste pour le roi.

Après son monologue, la sympathie du public est gagnée, et l'entrée du roi ne saura rétablir l'équilibre. Dans l'action qui s'engage, Gillet dessine deux personnalités fortes. Le caractère farouche du roi, dédaigneux des femmes, n'acceptant pas qu'Atalle ait pu se laisser séduire,- c'est ainsi que le roi comprend le viol, - indifférent à la souffrance de sa victime, tout annonce que la psychologie sera un facteur décisif dans le conflit à venir. Minerve, cachée dans un bois avec sa suivante Mégare, entend des discours qui doivent la convaincre de l'hostilité du roi envers sa cause. Le portrait que le roi brosse de lui-même pour rassurer son ami produira un mauvais effet sur son auditrice,

> Ne l'aprehende pas, mon coeur est un Rocher
> Impenetrable aux traits qu'amour peut décocher,
> Je brusle seulement du desir de la gloire (vv. 141-143)

Cet aveu, suivi d'une affirmation que pour lui l'amitié l'emporte sur le devoir et la pitié, marque un tournant de l'intrigue. Minerve ne pourra plus espérer de fléchir son coeur. En même temps, Philippe, aussi fidèle qu'il se montre envers son ami, éprouve une certaine honte, sentiment qui sera examiné dans le monologue du roi à la sixième scène, qui fait pendant à celui de Minerve à la deuxième.

Gillet a ménagé, de façon assez convaincante, un conflit pyschologique qui se dégradera en conflit physique. L'arrivée d'Alexandre interrompt l'entretien du roi et son ami à un moment convenable pour le public, pressé comme Minerve d' assister à une entrevue avec le roi. Le départ d'Alexandre, accompagné d'Atalle et de la garde du roi, prépare ainsi le dénouement, où Philippe se trouvera seul, sans défense face à une femme en colère. L'auteur appuie le suspense en faisant entendre au public, mais non pas au roi, ces paroles de Minerve cachée, menaçantes dans leur ambiguïté,

L'occasion ne peut estre plus belle. (v. 267)

A ce moment crucial, Gillet monte une scène où Philippe exprime son désarroi émotionnel. De roi, il est devenu homme vulnérable, secoué par le doute, incapable d'agir. C'est un moment pathétique, où l'auteur invite non seulement la sympathie pour son héroïne, mais aussi la compréhension pour son anti-héros, ne serait-ce que pour une courte durée. Lorsque Minerve fait son entrée, le caractère de Philippe, établi depuis son premier discours à la quatrième scène, s'affirme de nouveau. Son refus de compatir à la souffrance de Minerve incite sa victime à se venger sur son bourreau. Leur duel verbal touche à sa fin avec la reprise du vers,

Je suis las de vous voir, & d'estre importuné. (vv. 314, 334)

pour se transformer en un duel à la mort. Les rôles de persécuteur et de persécuté sont inversés, et Minerve devient résolue, active, vengeresse, tandis que Philippe irrésolu, soudain craintif, est incapable de se défendre. La conclusion sera sombre et rapide, décrite par le porte-parole Mégare, qui évoque la crainte qu'inspire un régicide en même temps qu'elle met en valeur la vertu de Minerve, qui s'est suicidée après l'assassinat du roi.

Au deuxième acte, le spectateur royal, sans doute choqué par cette violence contre un monarque, est invité à se remettre de son ‘estonnement’ (v. 429), pour assister à un conflit entre deux nouvelles personnalités fortes, mais cette fois Gillet compose une tragi-comédie autour d'une histoire d'amour. L'intérêt politique, incarné par le consul Fabius, jouera un rôle secondaire, faisant place à l'aventure amoureuse de Camille et Lucipe, idylle qui invite l'approbation du public. Bâtie sur le personnage de Camille, jeune guerrier impétueux et obstiné, l'intrigue frise parfois la comédie. Le héros exhibe des caractéristiques qui rappellent les jeunes premiers cornéliens; l'esprit militaire, l'éthique aristocratique, la fidélité en amour. Camille s'obstine quand l'honneur est en jeu. Ordonné de rendre son épée, il répond avec fierté,

Je ne l'ay pas renduë, & ne la rendray point. (v. 529)

Camille s'annonce prêt à se battre pour son propre honneur, (vv 540-541), et son insoumission envers son supérieur serait sans doute mal vue par le public, si la cause de cette indiscipline n'était une jeune femme. Il insiste cependant, qu'il est loyal à sa patrie, incarnée par son commandant et là, encore l'écho cornélien est évident dans cette réponse,

Et moy pour vous trahir j'ay l'ame trop bien née: (v. 578)

Même sous la menace de la torture et de la mort, Camille répète qu'il est toujours fidèle à la cause romaine, mais il refuse de dire la raison de ses absences du camp. Le public, qui est dans le secret de son amour défendu, peut s'amuser des vains efforts de Fabie, réduit à s'exclamer,

Loing de te repentir, tu t'obstines encore. (v. 646)

Il semble que pour Camille le point d'honneur l'emporte sur le bon sens. Le quiproquo entre Camille et Fabius à la quatrième scène aboutit dans une explosion de colère de la part du consul, quand il conclut, comme dans une comédie, que Camille est devenu fou (v. 672).

Avant de passer au dénouement heureux imposé par son interprétation du sujet, Gillet fait patienter le spectateur en ajoutant une scène de délibération, où Fabie pèse le pour et le contre de la clémence; une scène de révélation, où Arbas, confident de Camille, confie au consul le secret de son capitaine, dissipant ainsi toute inquiétude au sujet de Camille, traîné en prison par la garde de Fabie; et finalement, une scène de réconciliation, soudée par l'entrée en surprise de la belle Lucipe. Incapable de laisser tomber l'occasion d'un exemple du sublime, Gillet se sert du rôle de Lucipe pour camper une de ces tirades cornéliennes où l'amante tient à se montrer digne de son amant, prête à mourir comme lui, sans déroger en rien à ses convictions. Après ce morceau de bravoure (vv. 786-797), le chemin est ouvert à la clémence, et tout le monde d'applaudir.

Le troisième acte s'accompagne d'un changement de ton. Le Gouverneur annonce cette tragédie qui sera, en effet, un remaniement d'un thème déjà traité par Corneille dans sa *Mort de Pompée*[16]. A sa place, Gillet offre la tragédie de Ptolomée, sous le signe de l'indécision et

16 Voir H. C. Lancaster, op. cit., Pt 2 Vol. 2, p. 637.

ses conséquences néfastes. Le drame commence par cet entretien plein de mauvaise humeur entre Ptolomée et Cléopâtre, qui annonce la faiblesse fatale du roi. Une lettre de Pompée exige une réponse immédiate, c'est une question de vie ou de mort. Ptolomée se trouve aussi incapable de suivre les conseils de sa soeur que d'assumer la responsabilité de ses propres actions. Un long monologue n'apporte pas de solution, et les actions de Ptolomée par la suite ne servent qu'à souligner son irrésolution. Une scène, la cinquième, avec César et sa suite, invite à faire le contraste entre le roi d'Egypte et le conquérant romain, préparation de la grande scène (Acte 3, scène 7), où Ptolomée, peu disposé à dire franchement à César que Pompée est mort, s'engage dans une mystification pénible, dont le résultat sera forcément humiliant pour lui-même.

La réaction de César à cette nouvelle est d'autant plus dramatique que la tête de Pompée y figure dans toute son horreur. Gillet appuie le spectacle sanglant d'une tête coupée, passée de main en main (vv. 1178, 1222), embrassée sur la bouche (vv 1239-40), brandie par César pour épouvanter le roi craintif (vv 1249-51). Le frisson d'horreur et de révulsion exprimé par les personnages sur scène sera sans doute partagé par les spectateurs. Pour comble de malheur, après cette scène délirante, Ptolomée a beau prendre la décision de se donner la mort car cette décision sera vouée à l'échec par sa faiblesse physique. La tragédie se termine par une vision de forces surnaturelles (vv. 1329-1332) et de souffrances mortelles (vv. 1333-1338) combinées pour punir une telle lâcheté. L'atmosphère de cette tragédie est assombrie encore par le vide émotionnel autour des personnages. Aucun, même pas César pleurant la mort de son ennemi, n'est attachant. Si la tragédie de Minerve au premier acte était capable d'émouvoir par la pitié aussi bien que par la crainte, celle-ci provoque plutôt des sentiments de dégoût et d'appréhension.

On ne sera donc pas surpris d'apprendre que le quatrième acte offre un contraste total avec le précédent. L'action débute par un entretien amoureux entre la princesse Statira et le prince Oroondate. Contraste de style, comme de ton, car la conversation des amants est composée de stichomythies, de pauses, de reprises, marquée de préciosité, mais elle est aussi un véritable échange d'idées entre proches. Si le fond de leur conversation est grave, - l'arrivée d'un conquérant dans le palais des vaincus, - le traitement est romanesque. La décision de déguiser le prince en écuyer de la princesse par un simple changement de nom situe l'action dans le domaine de la fantaisie. Foudroyé par la beauté de la princesse, Alexandre le Grand, prince raffiné à sa première entrée, se transformera en amant tourmenté. En attendant, les discours entre le conquérant et la princesse - toujours accompagnée de son faux écuyer - offrent une sorte de voyeurisme à l'eau de rose, en évoquant les affres du désir et de la jalousie, mais sans offenser la morale bourgeoise. A la huitième scène, les rivaux entament un jeu de mots sur le verbe 'servir', qui ressemble à un duel littéraire. A la scène suivante, une femme prend l'initiative, quand Statira menace de se poignarder (v. 1762), prête à faire un choix honorable entre la mort et la séduction, formule dont Gillet s'était servi au deuxième acte.

Ce coup de théâtre, suivi de la révélation de l'identité de son rival, suffit à convaincre Alexandre de sa méprise. Il se remet de sa passion illégitime, bénit les amants, et répond à leurs remerciements en se mettant à genoux devant le couple heureux.

En effet, le quatrième acte offre un intervalle entre deux pièces noires, car le cinquième acte repose sur le thème de l'avarice, et montre non seulement l'exemple d'un vice puni, mais aussi une intrigue où le suspense et la caractérisation ont leur rôle à jouer. Dans le rôle de Persée, roi avaricieux, entouré par ses possessions et obsédé par elles, Gillet crée un rôle profondément dramatique. Il situe ce personnage intéressant dans une action où l'unité de temps est accélérée par son projet d'évasion. Persée s'est réfugié dans un temple avec ses trésors et sa femme. L'ennemi sera bientôt dans la ville (vv. 1829-30), et le roi se presse de mener à bien ses préparatifs. Mais son avarice risque de faire échouer son projet. Pendant qu'ils attendent que le vaisseau, à bord duquel ils comptent s'enfuir, soit chargé des trésors royaux, le roi écoute les reproches de sa femme qui lui rappelle combien il a perdu en refusant de payer des sommes promises à ses alliés. Persée se plaint des caprices de la Fortune (vv. 1841-1864), mais sa femme n'en démord point; la cause de leur malheur est le caractère du roi,

> Seigneur, consolez-vous, & dans ce mal extresme,
> Ne vous en prenez point à d'autre qu'à vous-mesme, (vv. 1865-66)

L'intrigue qui découle de l'arrivée imminente de l'ennemi est donc doublée d'un drame psychologique. Persée a deux ennemis - les Romains et lui-même - et l'auteur va nous montrer que, des deux problèmes, l'avarice de Persée est le plus cruel. Les déceptions se suivent à la chaîne. Le vaisseau chargé de tous ses trésors sera volé (v. 1940), ses enfants seront emprisonnés (v. 1980), sa femme et ses conseillers s'enfuiront (vv. 1989, 2009). Persée seul devra faire face à son vainqueur, et il accueille le conquérant en se prosternant 'baisant les pieds de Paul Emille'. Aucune humiliation ne lui sera épargnée, mais la source de cette dégradation n'est autre que lui-même. Destitué de ses possessions, comme de l'espoir, Persée renonce, mais trop tard, à l'avarice.

Dans ses grandes lignes, la tragédie de Persée provoquerait des réactions traditionnelles, comme la pitié et la crainte, mais la caractérisation du roi égoïste comporte des touches d'une franche ironie, voir comiques. Dans l'avarice de son personnage principal, Gillet a trouvé le moyen de désaffecter son public, d'éloigner sa sympathie pour le roi. Il a fourni les conditions qui permettent de se moquer de son héros, car le roi, en refusant de reconnaître ses erreurs, attire sur lui un jugement négatif. Monomane comme le sera Harpagon[17], il se préoccupe de ces trésors qui seront cause de sa ruine. Il se félicite d'avoir trompé ses alliés, il écoute les observations que lui fait sa femme, pour les oublier tout de suite après (v. 1902). Il envisage même de manquer à sa promesse de récompenser ses amis dans sa dernière tentative d'évasion (v 1932-36). Aux abois, quand les Romains sont déjà entrés dans sa capitale, il veut se battre contre un conseiller qu'il accuse de trahison. Personnage ingrat, Persée invite le mépris du public. Le départ du roi, après avoir prononcé sa propre malédiction, termine la pièce dans une atmosphère de la plus noire amertume, mais est néanmoins cause de satisfaction. Il ne reste plus qu' au prince d'exprimer ses remerciements par des vers qui s'appliquent au grand public aussi bien qu'aux jeunes princes et à leurs gouverneurs,

> Tousjours mes sentiments s'accorderont aux vostres,
> Ravy que ces tableaux me viennent d'enseigner,
> Et l'Art de vivre heureux, & celuy de Regner. (vv. 2130-2132)

Pour conclure cette brève analyse des éléments de la structure de l'*Art de Régner*, il convient d'ajouter certaines observations sur le dialogue, puisque nous avons déjà signalé l'importance de la diversité des genres et des personnages. Dans son dialogue, comme dans le traitement de sa matière, Gillet montre combien il tient à plaire, en offrant à son public un langage distingué sinon avivé par des changements d'expression. Son style reflète le goût, qui sera vite périmé, des tirades ornées de maximes et de métaphores, des débats pompeux, des monologues rhétoriques qui faisaient le plaisir de ses contemporains. Gillet semble mélanger ces ingrédients en pleine connaissance de cause, de sorte que le moindre examen du dialogue révèle un dosage savant de tous ces éléments, auxquels s'ajoutent des changements de rythme, plus marquants, produits par des passages de stichomythie.

Au premier acte, deux monologues, celui de Minerve à la deuxième scène (vv. 47-86), et de Philippe à la sixième (vv. 268-300), sont ponctués de deux débats avec changement de partenaires, Philippe contre Atalle (vv. 161-231), et Philippe contre Minerve (vv. 306-420). Pour ajouter au plaisir des vers, l'auteur fait résonner les noms exotiques des exploits de Philippe, dans la tirade de Minerve (vv. 395-412). Il va de soi que dans une pièce si ouvertement didactique, les discours sont en quelque sorte des variantes sur un thème choisi. Au premier acte, le dialogue, presque indépendamment de l'action, exprime l'argument contre l'injustice.

Lorsque la clémence est discutée au deuxième acte, les débats sont à l'honneur; Camille contre Arbas (vv. 451-510), Camille contre Fabie (vv. 543-641), Fabie contre Lucipe (vv. 774-825). Un seul monologue permet de respirer à la sixième scène, où Fabie considère son jugement.

---

17 Les liens littéraires entre Gillet et Molière continuent à provoquer des débats parmi les éditeurs. Voir l'édition critique de P. Lerat du *Docteur amoureux* suivi du *Desniaisé* de Gillet.

Le rythme est varié par l'emploi de la stichomythie (vv. 642-674, 798-806).

Après un premier débat entre frère et soeur pour exposer les points de vue contraires, le thème de la lâcheté déplorable de Ptolomée s'exprime surtout dans des monologues; de Ptolomée, qui balance entre la générosité et la lâcheté (vv. 1008-1087), de César, qui se déclare pour la générosité (vv. 1102-1127), de Ptolomée au désespoir (vv. 1283-1340). La tirade de César à la vue de la tête de Pompée s'orne d'une liste des victoires du héros (vv. 1263-1270).

Les discussions qui soutiennent l'intrigue distinguent le quatrième acte. Elles sont souvent embellies par des passages de stichomythie entre deux ou trois personnages, (vv. 1370-1400, 1459-65, 1508-26, 1679-1707). L'unique monologue est celui d'Alexandre à la septième scène, mais des tirades viennent renforcer les arguments et ménager des crises sentimentales, comme à la cinquième scène, où Alexandre fait l'éloge des yeux de Statira, ou à la neuvième scène, où Statira lance son défi au conquérant.

Au cinquième acte, Gillet évite la répétition des arguments sur l'avarice en faisant défiler une suite de personnages devant le protagoniste, de sorte que le roi rencontre des réactions différenciées, à savoir de sa femme, de ses deux conseillers l'un après l'autre, de son vainqueur, d'un édile. Des débats s'élèvent entre Persée et Alcmène (vv. 1825-98) et Persée et Eudée (vv. 1990-2009) tous deux sur le thème de son avarice. Persée lui-même réclame la vengeance contre un traître (vv. 1938-76), Paul-Emille condamne le roi avaricieux (vv. 2021-2063) et dans deux monologues, Persée exprime sa confusion (vv. 2065-76) et ses regrets (vv. 2082- 2120).

Puisqu'il s'agit de l'éducation d'un prince, la pièce foisonne de sentences destinées à former un monarque. Nous en signalons les suivantes (vv. 293-4, 448, 828, 1298, 1339, 1800). Les apostrophes de Persée, notamment celle adressée à la Fortune (vv. 1841-64) et celle prononcée vers la fin de l'action à ses confrères (vv. 2113-16), 'Roys, Princes, Potentats, profitez de ma faute,'... étaient destinées à laisser une impression durable grâce à leur emphase vigoureuse.

Le Jeu des acteurs, le décor et la question du rideau

A partir des indications scéniques, on comprend que le mouvement devait apporter un élément visuel qui servirait non seulement à divertir le regard du public, mais aussi à enrichir la caractérisation. Ces références sont d'autant plus précieuses aujourd'hui qu'elles peuvent suggérer au lecteur comment un rôle était joué, le rendant parfois plus compréhensible. Citons, à la deuxième scène, le monologue de Minerve, qui doit faire son entrée comme 'une femme en colère'. L'importance de la mimique pour la représentation s'impose déjà au début de l'action, dans l'indication 'Minerve seule, se promenant en colère'. Mais le texte du monologue ne contient pas de référence à ces larmes et ces soupirs, auxquels la suivante Mégare attire l'attention au cours de la troisième scène, quand elle dit à sa maîtresse de 'modérez vos pleurs' (v. 94). Peut-on en conclure que la scène précédente se jouait avec une Minerve toute en larmes? Minerve répond qu'elle trouve du soulagement dans ses larmes (vv. 96-98), ce qui semble indiquer qu'elle a effectivement pleuré et soupiré - au sens fort courant au dix-septième siècle. N'insistons pas sur ce point, mais les exemples sont nombreux, et toute analyse faite, permettent de penser que le jeu des acteurs en 1645 appuyait les grandes émotions. En ce qui concerne le personnage de Minerve, elle pleurera de nouveau, quand elle veut convaincre le roi de la justice de sa cause (vv. 336-8). Parfois un jeu plus subtil se fait remarquer. Quand Philippe ordonne à son fils et à sa suite de le quitter, c'est qu'il préfère cacher à sa cour son humeur 'sombre et resveur';

> Laisse-moy seul icy remettre mon visage, (v. 252)

L'expression du visage, le geste et le mouvement font alors partie intégrale du jeu. Quand Mégare fait son entrée, elle 'cherche Minerve des yeux'. Cachées 'dans le bois' afin de guetter le roi, les deux femmes ne sont pourtant pas totalement cachées à la vue du spectateur, et pourront faire ainsi leur commentaire sur son discours. Quand elles émergent de leur cachette, il se produit un jeu de bousculades qui ajoute un point d'humour à ce moment de suspense, avant que leur dispute n'interrompe la méditation du roi. On peut noter aussi l'emploi de rôles secondaires pour diversifier une action ou remplir un vide. Alexandre demande 'à un de sa suitte' ce qui ne va pas chez le roi, mais c'est le roi qui répond à cette question qu'il était censé ne pas entendre. Plus loin, une distraction passagère est soulignée par son étonnement quand il se rend compte de la présence des deux femmes. Les indications scéniques font voir tout une pantomime de gestes, d'expressions, de déplacements.

> 'Philippe ne les ayant pas entendues & reprenant son discours
> en se promenant à grands pas'.

Pendant son plaidoyer, Minerve se met deux fois à genoux devant le roi, et sera finalement éloignée par un mouvement violent, 'il la pousse rudement'. En 1661, une version allemande de la pièce mettrait 'il lui donne un coup de pied'. Serait-ce manque de bienséance tout court, ou le reflet d'une tradition dramatique? En tout cas, la violence s'aggrave vers la fin de la pièce. Minerve refuse de partir, la déclaration 'Je suis une furie attachée à tes pas',(v. 418) n'est pas une métaphore, mais une réalité. Le roi est obligé de s'enfuir, suivi de Minerve qui a sorti son poignard. Mégare veut les suivre, 'la voyant furieuse', mais reste sur place pour faire le récit de la violence qu'elle vient de voir. La bienséance empêchait sans doute la représentation d'un régicide, mais rien n'indique que l'action ne se voyait pas au fond du théâtre, tandis que Mégare en faisait le récit à l'avant-scène.

La menace de la violence pèse aussi sur l'histoire de Camille, justifiée en partie par son décor militaire. Quand l'exempt annonce l'arrêt du guerrier, et que Camille refuse de rendre son épée, il recule, mettant d'abord sa main 'sur la garde de son espée' et après 'à l'espée' elle-même. Saisi par la garde de Fabie, Camille résiste 'à ceux qui le pressent', et quitte la scène 'tiré par les soldats qui l'entrainent'. Des précisions semblables marquent les échanges entre Fabie, qui doit poser ses questions 'en s'estonnant' tandis que Camille, qui ne pense qu'à son amour, répond 'en soupirant'. Les vers qui suivent ce départ doivent être prononcés par Fabie 'en colère' (vv. 706-8), tandis que la colère ressentie par Camille à son arrestation sera évoquée par Arbas pour l'excuser, 'c'est un jeune homme, & le sang qui luy bout ...' (v. 728).

La beauté de Lucipe est telle qu'elle calme la mauvaise humeur de Fabie. Lucipe tient à montrer sa détresse en restant agenouillée malgré l'invitation, répétée, de se lever. Les larmes de Lucipe l'empêchent de parler (v. 780), mais ajoutent à l'expression de ses yeux.

Le rôle de Ptolomée se distingue par une extrême nervosité, et son trouble sera remarqué par sa soeur (v 970), dont la fermeté offre un contraste voulu. Le roi 'parle à l'oreille' d'Achille pour annuler un ordre donné à haute voix. Dans sa tentative pour sauver Pompée il est 'tout transporté'; sa confusion le rend incohérent, il confie à Lépide une bague qu'il reprend aussitôt après, donne des ordres sans suite, enfin court faire sa commission lui-même. Cette contradiction fondamentale entre la générosité propre à un monarque et la lâcheté s'exprime dans ses gestes comme dans ses mots. Dans le monologue qui termine le troisième acte, la mimique soutient l'expression de son tourment; 'il met la main à l'espée', ensuite 'le bras et la main luy tremblent', enfin 'il casse son espée'.

Sous le coup de sa grande passion pour la princesse Statira, Alexandre ne se comporte plus en vainqueur courtois. Son entrée, accompagnée de sa suite et annoncée par une fanfare de trompettes, fait une telle impression sur les princesses qu'elles tombent à genoux. Mais la beauté de la princesse, qualifiée de 'merveilleuse' dans le Dessein du Poème, l'emportera sur la gloire du conquérant. Laissé seul avec Statira et son écuyer, Alexandre s'agenouille devant la princesse (v. 1504), refusant de se lever, à moins qu'elle n'accepte sa déclaration d'amour. Refusé par la princesse, Alexandre montre sa mauvaise humeur 'en r'envoyant aigrement Clite', et en déchirant une lettre, mais il est ému par la tristesse visible de la princesse (v. 1731), et va vers elle 'en courant'. Après leur réconciliation, 'il se jette aux pieds de Statira', pour y rester, dans une sorte de tableau vivant qui clôt la pièce,

> Je veux faire aujourd'huy triompher la vertu,
> En monstrant à ses pieds Alexandre abatu. (vv. 1809-10)

Les accessoires au cinquième acte ont un rôle à jouer, avec ces 'coffres plains de Richesses, forces vases & forces Paquets', sur un fond de 'port de Mer & des Temples qui se ressentent des richesses de celuy que l'on y voit réduit'[18]. Les trésors de Persée seront portés à bord d'un vaisseau par le Candiot, pendant que les autres personnages le regardent travailler. Son va-et-vient affairé fait partie de la tentative d'évasion du roi et peut servir à communiquer l'urgence du départ. A mesure que le temps presse, un messager arrive 'en courant'. N'oublions pas non plus le départ inopiné du vaisseau, si pittoresquement évoqué, suivant l'indication 'Persée en allant au Rivage' (vv. 1940-49). Le dilemme de Persée, frustré de son trésor, et sur le point de perdre son royaume, s'exprime par des gestes futiles. Enragé par le message apporté par son conseiller, il veut le tuer, 'Il (Persée) court à luy l'espée à la main'. Mais le conseiller s'enfuit, sauvé par le brouhaha qui annonce l'arrivée de Paul Emille à la tête de l'armée romaine. La colère de Persée se transforme en crainte, et il tombe à terre 'baisant les pieds de Paul Emille'. Le Romain, indigné de cette conduite lâche, note son visage, ses larmes (v. 2041) et son silence,

> Mais tu ne me respons, qu'en baissant le visage, (v. 2064)

Après la perte de son royaume, le roi doit subir une autre humiliation, celle de rendre ses ornements royaux à un édile pour mettre à leur place un vêtement noir en signe de défaite. L'entrée de l'officier est grandiose, 'faisant porter derriere luy par un Page un vestement noir', et l'instruction à l'acteur qui jouait ce personnage, 'abordant brusquement Persée', donne une indication suffisante de l'intention de l'auteur.

Avec la question du décor s'élève la question du rideau. Gillet voulait sans doute éblouir son public par la splendeur du décor, qui devait représenter des lieux inouis 'un jardin superbe', 'un camp magnifique', 'une place publique la plus belle de l'Egypte', 'la chambre royalle de Darius', 'un port de Mer & des Temples'[19]. Admettons toutefois que ces décors, malgré les superlatifs accordés par l'auteur, n'apportaient rien de vraiment neuf. Chaque élément du décor, considéré séparément, était habituel à l'époque. On ne peut non plus soutenir la thèse que Gillet cherchait à faire du neuf en offrant plusieurs décors au lieu d'un seul. Ce qu'il y a d'intéressant dans son idée de représenter cinq lieux divers, c'est que le spectateur est invité à participer à une série de révélations, au lieu d'une seule.

Nous ne parlons pas ici du grand rideau destiné à cacher tout le plateau, mais d'un rideau qui cacherait une partie de la mise en scène, et que Gillet appelle indifféremment une 'toile' ou une 'tapisserie'. Une analyse de l'emploi de ce petit rideau dans l'*Art de Régner* ne permet pas

---

18 Dessein du poëme de l'*Art de Régner*.

19 Ibidem.

de trancher sur la question que tant de chercheurs ont déjà discutée[20]. Gillet ne prononce pas non plus sur le mouvement de la tapisserie/toile. A la première scène du premier acte, le Gouverneur ordonne,

Page, faictes lever cette tapisserie, (v. 45)

et ce commandement est immédiatement suivi par l'indication, 'On tire une thoille'. Impossible de faire la distinction entre 'tirer' et 'lever', si elle existe. Après le vers 450, au début de la deuxième pièce, nous lisons '& la toille estant tirée'. Ce sera la dernière fois que l'auteur fera une référence à cette action, mais il semble évident qu'au début de chaque pièce, avec son changement de décor, qu'il fallait révéler ce qui était resté caché jusque-là. Faut-il en conclure que l'auteur avait négligé de marquer dans son texte ce qui lui semblait inutile de noter? Une comparaison avec son *Triomphe des cinq Passions* révèle une pénurie semblable de précisions. La deuxième scène du premier acte commence par cette indication,

On tire la toille et l'on voit un temple ...

C'est la seule référence à l'emploi d'un rideau que la structure de la pièce, identique à celle de l'*Art de Régner*, rendait cependant nécessaire.

Une fois la toile tirée, il semble que les acteurs sont à leur place, prêts à commencer. Certaines indications dans l'*Art de Régner* le suggèrent, au moins, bien que la phrase 'ces personnages paroissent', après le vers 450, puisse être ambiguë. A la deuxième scène du cinquième acte, Persée et ses gens sont visibles, 'Ils sont sur le port', ce qui nous laisse supposer qu'au début de chaque pièce les acteurs attendaient de jouer, cachés derrière la toile qui devait révéler un décor neuf, habité de personnages nouveaux.

Si c'était le cas, la question de la sortie de scène, plus difficile à résoudre, se poserait. Au premier acte, Mégare reste seule à déclamer les derniers vers de l'acte. Suivait-elle son propre conseil, 'Fuyons ...' (v. 427)? et le théâtre restait-il vide? L'action du deuxième acte, comme celle du quatrième, s'achève sur un groupement de personnages. Le Gouverneur parle de l'action du quatrième acte en se servant du mot 'tableau', 'Mais voyant ce tableau, ...' (v. 1369), et encore en parlant du cinquième acte, 'De peindre en un tableau...' (v. 1819), et à la fin de la pièce, ce sera le Prince qui se dit, 'Ravy que ces tableaux me viennent d'enseigner' (v. 2133), sans toutefois vouloir dire qu'il s'agit de tableaux vivants, l'immobilité des acteurs à la fin de leur pièce devait produire son effet. Le cas des troisième et cinquième actes est plus compliqué. A la fin du troisième acte, Ptolomée se trouve seul, abandonné. Aucune indication

20 Voir S.W. Deierkauf-Holsboer: *L'Histoire de la Mise en scène dans le théâtre français à Paris de 1600 à 1673*. pp. 77-80, et T. Lawrenson: *The French Stage & Playhouse in the XVIIth Century*. Tapisserie: p. 134, 155, 165, 171. Toile; p. 134.

scénique ne montre comment il faisait sa sortie, tandis qu'à la fin du cinquième acte, qui lui ressemble en ce qu'un personnage quasiment seul, Persée en présence d'un Edile muet, trouve un moyen convenable de sortir en prononçant le mot, 'Allons'(v. 2125). Cependant, aucun des actes ne contient d'indication pour fermer le rideau une fois l'action terminée. Mais si la toile n'était pas tirée à la fin des deuxième et quatrième actes, comment les acteurs faisaient-ils leur sortie, à genoux, s'extasiant devant un souverain/une princesse? La toile n'était-elle pas tirée/baissée pour préserver cette illusion que les auteurs dramatiques se donnaient tant de mal à créer?

Un Roi modèle

L'éducation d'un prince, surtout quand celui-ci est un enfant confié aux soins d'un régent ou d'une régente, devait préoccuper, pendant plus d'un siècle, les gouverneurs et les précepteurs appelés au service de la famille royale de France. Depuis l'accession inopinée de Louis XIII, des ministres, des philosophes, des théologiens, cherchaient à composer le livre, le texte idéal, qui enseignerait l'art de régner. Dans l'*Education politique de Louis XIV*[21], G.Lacour-Gayet signale le foisonnement de textes inspirés par le désir d'inculquer le devoir monarchique au jeune Louis XIV - mais l'abondance même de cette littérature suggère une certaine insuffisance . Selon Lacour-Gayet, la plupart de ces oeuvres didactiques, quelle que soit leur forme - traité, histoire, poème, pièce de théâtre - méritent l'oubli où elles sont tombées, 'ce sont presque toujours les mêmes idées générales, les mêmes conseils vagues, les mêmes observations impersonnelles;'[22]. Plus tard, Louis XIV, en tant que roi et père de famille, essaierait à son tour d'exercer son influence sur trois générations de ses descendants; il ne semble pas s'être servi des textes qu'il avait étudiés pendant sa jeunesse. Au contraire, ce sont ses sujets qui se sont le plus intéressés aux droits et aux devoirs de leur souverain. Les questions soulevant le pouvoir croissant de la monarchie, les décisions prises par des ministres tels que Richelieu ou Mazarin, se voyaient âprement discutées dans les oeuvres des auteurs politiques. Et c'est un public plus nombreux encore, le grand public qui assistait aux représentations des pièces de théâtre, qui venait suivre ces débats sous forme dramatique, car les thèmes politiques abondent dans le théâtre français de la première moitié du dix-septième siècle. A cette époque-là, la tragédie s'inspire souvent d'un conflit de principes politiques, comme par exemple le spectacle d'un héros dont la grandeur d'âme est en conflit avec la Raison d'Etat à la Corneille[23], du drame des princes incertains de leur pouvoir, de leurs droits, de leurs responsabilités: enfin de la matière

21 Voir G. Lacour-Gayet: *L'Education politique de Louis XIV*, (Paris, Hachette, 1923).

22 Ibid. p. 17

23 Parmi de nombreuses études de la politique au théâtre, citons M. Prigent: *Le Héros et l'Etat dans la tragédie de Pierre Corneille*, (Paris, PUF, 1986)

de ces tragédies et tragi-comédies composées par Scudéry, Rotrou, Du Ryer, La Calprenède, Magnon, Maréchal entre autres. La matière de l'*Art de Régner* n'était donc pas nouvelle. Les nombreux exemples de situations, d'expressions, d'effets que Gillet a calqués sur les créations de ses confrères confirment assez sa dépendance d'un théâtre politique déjà établi. Cette constatation , si elle ajoute à la curiosité littéraire de la pièce en elle-même, n'offre rien de très surprenant; c'est plutôt la décision prise par l'auteur, de combiner ses thèmes pour faire au Roi, à la famille royale et à ses sujets une leçon si directe, qui fait la véritable nouveauté de cette pièce. La leçon de l'*Art de Régner* est au fond très simple. Le monarque doit agir en sorte que sa vie privée et sa vie publique coïncident. Il ne suffit pas de jouer le rôle d'un souverain, il faut de la conviction morale pour le soutenir. Le monarque qui sachant comment se conduire, ne le fait pas, risque de perdre son autorité. C'est la question qui se pose au premier acte, lorsque Philippe hésite à punir son ami et commet ainsi une double injustice contre ses sujets. Les mérites passés ne suffisent pas à compenser une défaillance présente. Rien ne peut garantir l'autorité d'un roi, sinon une vigilance continue, soit de la part du roi, soit de celle de ces conseillers. Une erreur royale peut justifier la révolte d'un sujet (vv. 47-58), thème qu'on voit souvent chez Corneille, mais qui est rendu plus complexe chez celui-ci par des questions d'identité personnelle, de la gloire, de l'héroïsme, et du 'moi' cornélien. En général, les auteurs dramatiques de cette époque, malgré des tirades qu'ils font prononcer contre la tyrannie, hésitent de montrer sur scène le châtiment d'un monarque, surtout s'il s'agit de le mettre à mort. L'idée de rejeter le blâme d'une mauvaise action sur un autre, sur un ministre par exemple, est trop connue pour qu'on la répète ici[24], et quand un peuple condamne son souverain, comme dans la *Lucrèce* de Du Ryer[25], le châtiment du roi ne se voit pas sur scène. Les pièces où la mort, ou l'exécution d'un prince est présentée sur scène, sont rares[26]. Gillet fait donc preuve d'une certaine hardiesse, non en faisant décrire l'assassinat d'un roi par un tiers, mais en faisant dire au public que le roi méritait sa punition. Philippe perd son autorité pour avoir négligé son devoir envers les dieux, qui garantissaient son pouvoir au prix de son obéissance. Selon Minerve, celui qui se montre 'ennemy de nos dieux' (v. 82) est criminel. Le roi sera également criminel, s'il franchit la barrière constituée par la loi qu'il est censé défendre. Se mettre au-dessus de la loi amène, pour le roi comme pour ses sujets, la condamnation. Une fois condamné, le roi devient un homme comme les autres. Ce n'est donc pas sur le roi que Minerve se venge, mais sur un homme indigne de régner,

---

24 Voir l'article de M. Baudin: "The Shifting of Responsibility in Seventeenth-century French Tragic Drama", *Modern Language Notes*, March 1934, pp. 152-158.

25 Pierre Du Ryer: *Lucrèce*, (Paris, Antoine de Sommaville, 1639).

26 Appie est condamné à mort par son peuple dans la tragédie de Du Teil, *L'Injustice Punie* (Paris, Antoine de Sommaville, 1641). Le tyran Timophane est assassiné par son frère dans le *Timoléon* de Mathieu de Morgues (Paris, Toussaint Quinet, 1641).

Non, je ne te crois point mon Prince legitime,
Philippe aime l'honneur, toy tu cheris le crime, (vv. 391-392)

Philippe lui-même reconnaît ce conflit entre son devoir public et son intérêt privé. Il exprime le dilemme qui le travaille dans son monologue à la sixième scène, où il admet que l'amitié et la pitié doivent céder la place au devoir et à la gloire[27], invitant ainsi la compassion du spectateur,

Ah! si l'on cognoissait l'extreme violence
Qu'endure un souverain en tenant la balance,
Quand il la fait pencher où veut son interest,
Certes, l'on le plaindroit tout puissant comme il est,(vv. 295-98)

Mais le roi coupable de mauvais jugement devient vulnérable, et la décision de renvoyer sa garde montre une négligence répréhensible. Soucieux de sa gloire, (vv. 143, 191), le roi se rend compte qu'elle lui échappe, (vv. 195, 281, 285), mais ce pressentiment ne sert pas à l'avertir qu'il ne possède plus le respect de ses sujets. Il n'a plus cette liberté dont il parle avec tant de confiance (v. 266). L'assassinat de Philippe fournit un exemple choquant des mesures dont un peuple dispose pour corriger un monarque qui se met au-dessus de la loi. D'habitude, au théâtre, la punition du souverain est d'ordre psychologique. Chez Ptolomée, c'est le comportement envers les alliés qui soulève des problèmes. Se pose la question de la fidélité à la parole donnée. Ptolomée redoute les Romains, et voit bien que son alliance avec Pompée ne pourra le sauver,

Et serai-je ennemy de Rome & de son Roy
Pour soustenir un Prince aussi foible que moy? (vv. 940-41)

Le point de vue machiavélique exprimé par Cléopâtre, malgré sa logique, ne le convainc pas,

Songez qu'il(César) est puissant, qu'il le faut obliger,
Que vous estes fort foible, & qu'il se peut vanger. (vv. 944-45)

Le malheureux Ptolomée, exemple vivant des dangers causés par l'indécision, vacille entre la générosité et la lâcheté. Sa personnalité l'emporte sur son devoir royal. Comme Philippe, il ne se retrouve plus,

Je ne sçay qui je suis, jugez-le par mes larmes, (v. 983)

---

27 La ressemblance de l'éthique de la Gloire chez Pierre Corneille et chez Gillet de La Tessonerie est déjà notée par F.K. Dawson: 'Gillet de La Tessonerie and the "Ethique de la Gloire"', *French Studies*, 1956.

Au cours de ses délibérations, Ptolomée imagine l'attitude de son peuple envers la lâcheté de sa conduite. Il veut croire qu'un roi est au-dessus de ses sujets, et qu'il peut dédaigner la volonté populaire (vv. 1026-1043). Il croit que les dieux font une distinction entre les rois et leurs sujets, et que toutes les actions des rois sont légitimes (vv. 1050-51). C'est une erreur qu'il corrige lui-même quand il se souvient de son ancienne amitié pour Pompée. Ayant repris courage (vv. 1072-73), il le perd aussitôt, s'exclamant,

> Entre deux mouvements mon âme est balancée. (v. 1087)

Comme Corneille dans la *Mort de Pompée,* Gillet fait de Jules César le contrepoids moral du roi d'Egypte. Chez Gillet, César est l'exemple vivant d'un prince généreux, sans cette ambivalence qui donne à la caractérisation cornélienne sa subtilité. Il peut justifier la guerre (v. 1143), même en territoire étranger (v. 1139), et il fustige l'ingratitude de Ptolomée perdu d'honneur, indigne de son rang:

> Un injuste bonheur te donne des Provinces,
> Te fist monter en serf sur le trône des Princes, (vv. 1247-48)

Mais si les dieux n'ont élevé Ptolomée au trône que pour l'en précipiter, ils ne lui permettent pas de se donner la mort. César saisit ses complices, donne l'ordre de les tuer le lendemain, mais se contente de condamner le roi moralement sans attenter à sa personne. Ce sera au 'couroux celeste' (v.1319) de punir le roi, qui découvre que son corps - plus royaliste que le roi - résiste à tous ses efforts pour se tuer. Gillet, ayant montré que la fermeté de caractère est essentielle, montre ici que la personne du roi, malgré ses erreurs, est sacrée. Le roi Persée, plus opiniâtre que Ptolomée, mais également indigne de commander le respect de ses ennemis comme de gouverner ses sujets, ne perdra pas sa vie sur scène. Mais son avarice, cause de son infidélité et de sa défaite, est la raison pour laquelle il se trouve démis du pouvoir. Paul-Emille lui reproche sa lâcheté (vv 2039-40), comme César l'avait fait à Ptolomée. Persée apprend trop tard cette leçon indispensable, et doit se contenter d'exprimer ses remords. Il attribue sa défaite aux dieux, dont Paul Emille serait l'instrument.

> Mais quoy? le Ciel le veut, c'est son bras qui me tue,
> Et qui me fait liguer, avec mes ennemis,
> Pour me mieux chastier du mal que j'ay commis.(vv. 2112-14)

Une sorte de menace pèse sur ces exemples de monarques indignes de régner. Il semble que, selon Gillet, un sujet, même un peuple entier, aurait raison de se débarrasser de son roi, voire de le mettre à mort, le cas échéant. La moralité est nettement exposée; le roi qui agit contre la loi de son royaume court le risque d'être jugé et condamné. Le fait d'être roi ne l'exonère pas. En effet, les rois doivent, selon Gillet, faire attention à l'opinion publique. Pour Fabie, qui craint un soulèvement populaire s'il fait mettre à mort un sujet insoumis, le peuple serait 'une hydre renaissante' (v. 754). Un sujet indocile, aussi vaillant qu'il soit, constitue un danger à l'état que ni l'amitié ni la pitié ne doivent préserver.

> Un Roy se doit tenir contre son ennemy,
> Et ne doit point avoir un subjet à demy, (vv. 760-61)

Les moyens qui servent à garder la paix sont évoqués pendant la dispute entre Fabie et Camille: l'emprisonnement, la torture (v. 615), l'exécution. Fabie conclut que le bien-être public justifie la plus grande sévérité, puisque 'Nos subjets sont nos serfs' (v. 766). Mais Camille sera sauvé par la clémence de Fabie. La bonté d'un monarque resserre plus fortement encore les liens entre le roi et son sujet.

Dans ses relations avec ses sujets, le roi ne doit pas abuser de son pouvoir. Dans ses rapports avec les femmes, la nécessité s'impose de se montrer bon mais sans verser dans l'indulgence. La vie privée doit se trouver en équilibre avec la vie publique. Alexandre, tenté de se servir de la violence, non seulement contre celle qui refuse son amour, mais aussi contre la famille de celle-ci (vv 1531-34), n'est plus le dieu puissant qu'il s'imagine être (v 1526), mais un homme tourmenté par la concupiscence:

> Je ne croiray jamais que je sois plus qu'un homme,
> Comme un autre je vis, comme un autre je dors,
> Et comme un autre enfin mon sang bout dans mon corps. (vv. 1644-46)

Le problème se résout, lorsque le roi accepte le défi de Statira, et se souvient que le devoir public doit l'emporter sur le désir personnel. Il importe de se montrer 'un homme de coeur'(v. 1797).

Il en ressort, de ces exemples divers étalés devant son élève par le Gouverneur, qu'un prince est d'abord un homme, qu'il partage les sentiments et les passions de ses sujets, que si sa situation l'élève au dessus de son peuple, qu'il ne peut régner aussi longtemps que s'il respecte la moralité et les lois de son royaume, et qu'il court le risque de perdre son pouvoir s'il les néglige. L'art de régner ressemble à une discipline que le roi enfreint à son péril; il s'agit d'un contrat plutôt que d'un droit. La reconnaissance envers les sujets fidèles, la fidélité envers les alliés, la défense des frontières et la plus grande retenue avant de porter la guerre en territoire étranger; tous ces éléments renforceraient la thèse d'une monarchie réglée par des accords tacites.

Mais enfin, à qui s'adressaient ces dignes conseils sur le devoir d'un souverain? Quant à la personnalité du monarque qui servirait de modèle pour un jeune prince, ne serait-ce pas un portrait idéalisé de Louis XIII lui-même? Et Gillet, n'a-t-il pas été, en 1643, surpris par la mort du roi, en l'honneur de qui il composait sans doute sa tragi-comédie[28]. Les vertus monarchiques signalées dans l'*Art de Régner* se retrouvent dans les titres du roi - Louis le Juste, Louis le Débonnaire, Louis le Clément, Louis le Chaste - dont le règne fournissait sans doute au spectateur avisé suffisamment de périls à éviter comme de succès à imiter?

L'histoire du règne de Louis XIV nous enseigne que l'élève ne profita guère de l'instruction dramatique. L'intolérance, les guerres, la croissance de l'absolutisme, les affaires de coeur, tout révèle combien le caractère de son règne était loin de l'idéal évoqué dans l'*Art de Régner*. Seules les qualités sociales, telles que la dignité, l'amabilité et la politesse se retrouvaient chez ce prince sur qui le duc de Saint-Simon nous léguera des observations si perspicaces. Quel paradoxe, que l'élève docile représenté par un acteur dans l'*Art de Régner*, soit devenu acteur lui-même pour soutenir son rôle de Roi-Soleil.

Etablissement du texte

Le texte de base est celui de l'édition originale de 1645. Cette édition comportait la dédicace, le dessein du poème et le texte précédé de cinq 'arguments'. Nous reproduisons intégralement le texte de cette édition, y compris les 'arguments' qui précèdent chacun des actes. Le frontispice adopté est celui de l'édition présente. Le texte contient de nombreuses fautes d'orthographe et de ponctuation. Nous suivons la ponctuation de l'édition de 1645, sauf dans les cas où l'édition de 1648 rend le sens plus clair. Signalons que la ponctuation de l'édition de 1648 n'est pas sans faute, et que nous avons ajouté nous-même quelques menues corrections. Gillet de La Tessonerie se souciait peu, semble-t-il, de la publication de ses oeuvres. Presque toutes ses pièces sont précédées d'excuses au lecteur de n'avoir pas eu le temps de corriger les fautes de l'impression. La justification de l'*Art de Régner* nous apprend qu'il avait négligé cette pièce parce qu'il se préoccupait d'une nouvelle tragédie à laquelle 'je donnois toutes mes veilles'.

L'édition de 1646 est identique à celle de 1645, tandis que celle de 1648, in-douze, révèle une préparation plus soignée. Les variantes signalées par le sigle Q 48 proviennent de l'édition de 1648, imprimée, comme les précédentes, par Toussaint Quinet. Malgré nos recherches, nous n'avons pu trouver l'édition in-douze dont parle Lancaster, qui serait une édition 'suivant la cop. imprimée à Paris', par Elzevirs, en 1649[29].

---

28 Le frontispice de l'édition de 1645 porte la date 1643. Voir H.C. Lancaster op. cit., Pt 2 Vol.2, p. 636. Louis XIII était-il toujours en vie quand Gillet préparait sa pièce?

29 H.C. Lancaster: op.cit., p. 636, n° 6.

En ce qui concerne l'orthographe du texte original, nous avons tenu à la reproduire fidèlement, à deux exceptions près. Premièrement, nous avons adopté la distinction moderne entre i et j, u et v, a et à, ou et où. En second lieu, nous avons corrigé toutes les erreurs d'orthographe sans toutefois signaler ces erreurs dans les notes.

Les historiens du théâtre nous apprennent que la pièce existe en version néerlandaise, et nous avons lu ce texte à la Bibliothèque Nationale, cote Yth. 69463 (33). Cette version reproduit assez fidèlement le texte de Gillet, avec une versification qui ressemble aux alexandrins français. Le mot "Staatspel" est inscrit à l'encre sur l'envers de la feuille qui précède la page de titre. Une dédicace, adressée à 'Mynheer Hendrik Hooft,/ de Jonge,/ Commissaris / van de kleine zaken, t'Amsterdam', exprime le désir du traducteur, en 1667, que la pièce, qu'on avait jouée devant le roi de France dans sa jeunesse, plaise à son patron.

Nous n'avons trouvé aucune référence chez les historiens du théâtre à une version allemande, imprimée en 1661, et dont un exemplaire existe à la British Library, cote 11746 dF 16. La page de titre nous apprend que la pièce est traduite du français par Benjamin Knobloch, et la longue dédicace au prince-évêque de Schleswig est de la même main. L'épître se termine par une prière, demandant que les pauvres sujets de son Excellence, 'fast ganz erschöpffte' par la guerre, puissent bientôt jouir de la paix. Cette version, en prose, contient des variantes et des détails particuliers qui ne se retrouvent pas dans les éditions françaises et hollandaise, et qui mettent en lumière certains aspects de la pièce. Nous les avons signalés dans les Notes de la présente édition.

Nous avons le très grand plaisir de reproduire ici le frontispice de la version allemande de l'*Art de Régner*. Cette gravure, imprimée en 1661, ne saurait résoudre la question de l'emploi du rideau de théâtre en France, mais elle offre l'image d'une représentation contemporaine, où le mouvement, le geste, l'expression du visage, le jeu des comédiens saisi au milieu d'une pièce, et l'emploi du rideau se voient clairement. Le Prince et le Gouverneur se tiennent devant la toile, tirée des deux côtés par des porteurs de flambeaux. Le plateau où les acteurs, animés, jouent leur scène, semble élevé, séparé de l'avant-scène par la hauteur d'une marche. L'action, les personnages et le décor esquissés suggèrent la quatrième scène du quatrième acte, où les deux princesses accueillent leur vainqueur et sa suite. Si ce n'est le décor qui semble représenter un intérieur - la chambre de Darius? - les personnages figureraient tout aussi bien le dénouement du deuxième acte, où Lucipe tombe à genoux devant Fabie, mais faute de tentes, fondamentales à l'intrigue....

Il va sans dire que la fantaisie a sa part dans cette illustration, car aucun des cinq actes ne commence par une scène telle qu'on la voit représentée, où les deux spectateurs partagent le plateau avec les autres comédiens en pleine action. L'artiste vouloit sans doute mettre dans une même image ces deux éléments séparés. Les costumes reflètent, bien entendu, la mode contemporaine, et non pas celle du temps de l'enfance de Louis XIV.

BIBLIOGRAPHIE

Editions de l'ART DE REGNER

1645 [Q 45]

L'ART/ DE/ REGNER/ OU/ LE SAGE/ GOUVERNEUR./ TRAGI-COMEDIE./ A PARIS,/ Chez TOUSSAINT QUINET, au Palais sous la/ montée de la Cour des Aydes./ M.DC.XXXXV./ Avec Privilege du Roy.

10 ff non paginés. 150pp. in-4
Privilège donné le 25 avril 1645
Achevé d'imprimer le 28 mai 1645

Exemplaires consultés:
Bibliothèque Nationale: Rés. Yf 282, le frontispice gravé porte la date 1643.
Bibliothèque de l'Arsenal: Rf. 6.194(4) et Rf. 6.198, double de Rf. 6.194(4), sans titre ni frontispice gravé.
British Library; 86.i.1
Cet exemplaire contient le titre de 1648 relié avec celui de 1645.

1646 [Q 46]

L'ART/ DE/ REGNER/ OU/ LE SAGE/ GOUVERNEUR./ TRAGI-COMEDIE./ A PARIS,/ Chez TOUSSAINT QUINET, au Palais sous la/ montée de la Cour des Aydes./ M.DC.XXXXVI/ Avec Privilege du Roy.

10 ff non paginés. 150pp. in-4

Exemplaire consulté:
Bibliothèque Nationale: Rés. Yf 526

1648 [Q 48]

L'ART/ DE REGNER,/ OU/ LE SAGE/ GOUVERNEUR./ Tragicomedie./ A PARIS,/ Chez TOUSSAINCT QUINET, au Palais, sous la/ montée de la Cour des Aydes./ M.DC.XLVIII./ Avec Privilege du Roy.

103pp. in-12

Exemplaire consulté:
Bibliothèque Nationale: Rés. Yf 6784 et Yf 3779

1661 [VA]

Die/ Regier=Kunst/ oder/ der Kluge/ Hoffmeister./ In einer Tragico-Comoedie/ von Mons. Gillet bevorhin vorgestellet;/ Anjetzo aber/ aus dem Französischen übersetzet/ von/ Benjamin Knobloch/ Jaurâ-Sil./ SchleBwig/ Gedruckt bey Johan Holwein./ Im Jahr 1661.

14 ff non-paginés, pp.210. in-8 Frontispice gravé.

Exemplaire consulté:
British Library: 11746.df.16, microfilm PB MIC 31813

1667 [VN]

DE REGEERKUNST/ OF WYZE LEERMEESTER,/ (door Gillet de La Tessonerie,)/ Staatspel in nederduitse vaarzen/ gestelt door J.Dullaart./ AMSTERDAM,/ J. Lescaille./ 1667

VIII, 72pp, in-8.

Exemplaire consulté:
Bibliothèque Nationale: Yth 69463(33)

OUVRAGES CONSULTES

Adam, Antoine. *Histoire de la littérature française au XVIIe siècle*, (Paris, Editions Domat, 1948-56, 5 t.)

Deierkauf-Holsboer, S.Wilma. *Histoire de la Mise en scène dans le théâtre français à Paris de 1600 à 1673*, (Paris, Nizet, 1960)

Gay, J et fils. *Le Desniaisé*. Réimpression faite sur l'originale de 1648. Notice bibliographique de J.Gay et fils, éditeurs, (Nice, J.Gay, 1873)

Guichemerre, Roger.*La Comédie avant Molière*, (Lille,Armand Colin, 1972)

Jamaron, Jacqueline de (éd.) *Le Théâtre en France*, (Paris, Armand Colin, 1988, t.1)

Lancaster, Henry Carrington, *A History of French Dramatic Literature in the Seventeenth Century*, (Baltimore, The Johns Hopkins Press, 1929-1942, 9 vols.)

Lawrenson, Tom. *The French Stage and Playhouse in the XVIIth Century*, (New York, AMS, 1986)

Lawson, F.K. 'Gillet de La Tessonerie and the "Ethique de la Gloire"', *French Studies*, 1956

Lerat, Paul. *'Le Docteur Amoureux', comédie attribuée à Molière suivi du 'Desniaisé' de Gillet de La Tessonerie*, édition critique, (Paris, Nizet, 1973)

Parfaict, E. & C. *Histoire du Théâtre françois*, (New York, Burt Franklin, 1968)

Prigent, Michel. *Le Héros et l'Etat dans la tragédie de Pierre Corneille*, (Paris, PUF, 1986)

Rynghaert, J-P. 'Gillet de La Tessonerie', *Dictionnaire des Littératures de Langue française*, (Paris, Bordas, 1984)

Schérer, Jacques. *La Dramaturgie classique en France*, (Paris, Nizet, 1973)

Stegmann, André. *L'héroïsme cornélien*, (Paris, Armand Colin, 1968)

Sutcliffe, F.E. *Politique et Culture 1560-1660*, (Paris, Didier, 1973)

Truchet, Jacques. *La Tragédie classique en France*, (Paris, PUF, 1975)

L'ART
DE
REGNER
OU
LE SAGE
GOUVERNEUR.
TRAGI-COMEDIE.

A PARIS,

Chez TOUSSAINT QUINET, au Palais sous la montée de la Cour des Aydes.

M.DC.XXXXV.

Avec Privilege du Roy.

A

MONSEIGNEUR

LE MARESCHAL

DE

BASOMPIERE.

MONSEIGNEUR,

Apres avoir faict cet ouvrage pour le Roy toute la France m'a solicité de le remettre entre vos mains, & l'envie de la satisfaire jointe à la complaisance que nous devons avoir pour nostre gloire, m'a faict prendre ses sentiments pour une loy. Aussi puisque son dessein regarde une personne sacrée il ne fallait pas luy representer par un ministere moings Auguste. Ce subjet Heroique vouloit un protecteur illustre comme vous, & c'est un tableau qui n'ayant pas les graces du coloris & du dessein, demandoit un homme généralement approuvé pour faire valoir l'idée du Peintre.

S'il s'y rencontre quelques touches de cette science que les Rois doivent pratiquer, il n'a rien de cette profonde Politique que vous estes capable de leur inspirer; aussi toutes ces esbauches imparfaictes de l'art, & ces enfans de mon estude, courent à vous avec la mesme rapidité que ces ruisseaux qui se vont abismer dans la mer, & qui par un juste orgueil en se precipitant dans son sein confondent leur foiblesse avec sa force, & malgré le defaut de leur origine ont enfin comme les plus fameux torents la gloire d'estre les membres de ce grand corps.

Vous avez une si parfaicte cognoissance des belles lettres, une si rare intelligence des vertus, & une si haute pratique des bonnes moeurs, que j'ay creu que vous seul pouviez mettre ces crayons en leur jour & que vostre ame qui brille de tant de diverses lumieres ne me refuseroit pas un de ses rayons pour donner la forme à cette matiere que je n'ai pû concevoir qu'imparfaictement. Ce Tiltre de l'Art de Regner & du sage Gouverneur, ne demandent point d'explication, & quoy que la scene en soit en Grece aucun n'a lieu de douter que les Acteurs ne doivent estre François. Si d'une part on y voit un jeune Prince, de l'autre on escoute parler un sage, & comme le premier doibt estre le plus puissant Potentat du monde, il faut regarder le second comme un de ses plus grands Genies.

En effect Monseigneur, il semble que cet ouvrage ait quelque relation avecque vous, nul n'a pû voir sur son front le nom de Sage & de

Gouverneur qu'en mesme temps celuy que vous portez après tant de Heros de vostre famille n'ait frapé son imagination, vous sçavez l'art de gaigner les coeurs comme celuy de regner sur vostre Ame, & cette Haute science passant de vous en l'esprit d'un Monarque, causeroit le repos de ses Estats, & faisant un siecle d'or de son Regne le rendroit adorable à la posterité.

Cette belle Politique qu'Aristote laisse aux Potentats, ayant des beautés trop espineuses veut quelque main delicate pour en cueillir les rozes, & pour donner l'achevement à tant de doctes instructions. Elle est comme la Republique de Platon, qui pour avoir des concertations trop eslevées ne peut s'accorder avec les sentiments humains, & sert beaucoup plus à faire parestre l'esprit de celuy qui la composa que ceux qui tachent de mettre ses leçons en Pratique.

Il est des Tallents necessaires pour instruire nos Princes que l'on ne puise point dans la vieille Escolle, il faut des adresses qui ne partent que de l'experience, & de ces maximes equitables qui suivant la revolution des siecles, & les Coustumes des pays peuvent estre appellées des vertus du temps.

Il faut non seulement que celuy qui gouverne soit prudent, mais il est quasi necessaire que la fortune ayt mis sa prudence à l'espreuve, afin qu'en recognoissant par quels biais elle nous ataque, il sache oposer un remede à sa violence, & donner par son propre exemple le secret d'en triompher.

Il luy faut encor quelque chose de plus que des vertus morales, il faut des agréments qui ne s'aquierent que par l'habitude, des charmes que la Court ne donne qu'apres des suittes d'années, & de ces nobles complaisances qui ne tenant point d'une vertu trop austere n'ont rien aussi d'une facilité trop enjouée.

Il faut non seulement une belle ame, mais encor une Physionomie advantageuse, il faut que le visage s'accorde avec l'esprit, & que ces deux ensemble fassent un composé qui donnant de belles idées porte avecque luy quelque image de la Majesté.

Il faut un homme qui comme un autre Cesar sçache porter des coups d'espée. & soit capable de faire des Comentaires, qu'il se soit veu couronné de Mars & chéry des Muses, qu'il n'ait pas moings d'Eloquence que de Sagesse, & qu'ayant sceu comme l'on gaigne des batailles sur ses ennemis, il puisse apres remporter des victoires sur soy-mesme.

Toutes ces choses Monseigneur, me font sans flatterie vous regarder comme le modelle de mon sage Gouverneur, & si je ne craignois d'offencer vostre modestie, ou de violenter vostre generosité, je rappellerois ici tant de glorieux exploits que vous avez executez, tant d'ordres que vous avez si heureusement donnés, tant d'illustres actions que vous avez faictes, & tant de traits d'esprit & de vivacité, qui vous font passer aujourd'huy pour un des plus adroits & des plus pollis de nostre siecle.

Il reste seulement à vous faire une excuse d'un present qui n'a rien d'auguste que le nom qu'il porte, & certes je m'engagerois à ce judicieux compliment, si je ne sçavois que vous avez des bontés dont il est dangereux de se deffier, & qu'il vaut mieux que je m'abandonne à vostre generosité que de croire que je merite vostre grace, je ne me mettray donc point en estat de vous faire cognoistre que si je ne voulois vous offrir que des presens qui fussent dignes de vous, mon impuissance trahiroit tousjours mon zelle, & ne me fournissant que des choses communes me metroit au hasard de Mourir sans vous avoir tesmoigné que je suis,

MONSEIGNEUR,

Vostre tres humble &
tres-obeissant serviteur

GILLET.

DESSEIN DU POEME DE L'ART DE REGNER

POLIDORE, travaillant à l'éducation d'un jeune Prince que l'on avoit commis à son genie, dedans ses divertissemens mesle sagement quelque rayon du caractere qu'il luy veut donner, & confondant le delicieux avec l'utile, en un temps où son aage ne peut authoriser ni les veilles du cabinet, ni les lectures espineuses de l'histoire, luy fait adroictement aprendre par le spectacle de la Comedie, des secrets necessaires pour se conserver sur le trône où sa naissance l'appelloit.

Luy proposant des Monarques vertueux pour exemple & des Princes defectueux pour l'objet de son aversion, il luy fait comprendre avec plaisir les mysteres cachés de la Moralle et de la Politique, & luy donne autant d'ardeur pour acquerir les couronnes que la vertu promet, que de resolution d'eviter les syndereses qui sont tousjours inseparables du vice.

Pour l'entretenir des Talents qui luy sont les plus necessaires, il luy propose des exemples de Justice, de la Clemence, de la Generosité, de la Continence, & de la Liberalité, & soit en faisant parestre l'esclat de ces vertus, ou la diformité de leurs contraires, inspire à son ame les belles impressions & la teinture des bonnes moeurs, ou par l'emulation que luy donne des objets vertueux, ou par l'horreur qu'elle conçoit pour les malheurs que le vice traisne à sa suitte.

Ayant donc fait instruire des Acteurs il leur fait representer sur des Scenes pompeuses cinq histoires differentes, qui composent toutes ensemble un Poëme de Theatre.

Au premier Acte dans un jardin superbe parest Philippe, qui le mesme jour des nopces de son fils Alexandre, fut prevenu d'une Dame Macedoniene, qui n'ayant peu l'obliger à luy rendre Justice du rapt qu'Atalle avoit commis en sa personne, luy donne dans l'excès de sa douleur des marques de son desespoir & de sa rage.

Au second dans un Camp magnifique, Fabie commandant les Armées des Romains contre Hanibal, donne des marques de sa severité pour les ordres Militaires, & de sa Clemence pour les choses qui regardent sa personne, condemnant à la mort un genereux Romain que l'on accusoit sur quelques apparences de quelques manquements en sa charge, & lorsque sa fidelité parest & que ces verités sont esclaircies, il luy remet les fautes capitales qu'il avoit commises contre sa personne, s'esmancipant jusques au point de lui repartir avec des paroles assez libres pour ne meriter point de grace.

[Note en marge, imprimée en lettres minuscules:
Pour ne donner aucune idée de République dans un ouvrage qui se déclare pour l'estat Monarchique, la nature du Poëme & la Majesté de la Scene despouillent Fabie de la qualité de Consul pour luy donner le tiltre de Souverain.]

Au troisiesme dans une place publique la plus belle de l'Egypte Cesar parest, qui en suitte de la guerre de Pharsalle reçoit de Ptolomée la teste de Pompée pour present, & par un excès de Generosité luy donne des pleurs qui sont suivis de reproches sanglants contre Ptolomée, qui reste avec autant de confusion de ce succès inopiné, qu'il eust de lascheté lorsqu'il prefera ses interests à sa gloire.

Au quatriesme, Alexandre ayant deffaict Darius, vient dans sa chambre Royalle y consoler sa veufve, & voyant la merveilleuse Statira en devint* puissamment amoureux, mais sa Continence l'emportant dessus sa passion, il triomphe aussi bien de ses desirs que de ses ennemis, & donne à l'affection du vaillant Oroondate ce qu'il pouvoit esperer de sa fortune & de sa puissance.

Au cinquiesme, dans une ville où l'on voit un port de Mer & des Temples qui se ressentent des richesses de celuy que l'on y voit reduit, parest Persée, ce riche Roy de Macedoine, qui prest de s'embarquer dans un vaisseau pour éviter la colere du Ciel, le chastiment de son avarice & la fureur d'Octavian Lieutenant de Paul Emille qui le tenoit assiegé dans cette place, se voit** tout d'un coup abandonné de ses amis, vollé par les siens, pris par les Romains, & pour comble de maux contraint de suivre leur Char de Triomphe.

Ces cinq representations ayant fait sur l'esprit de cét Illustre Auditeur tout l'effect que l'on en pouvoit attendre, ce sage Gouverneur conclut ce divertissement, ravy que ce spectacle ait fait cognoistre à ce jeune Prince, que pour estre capable de commander aux autres il faut sçavoir l'art de se vaincre soy-mesme.

Pour toy Lecteur excuses les fautes de l'Impression que je n'ay pû coriger pendant que je donnois toutes mes veilles à l'ouvrage que tu verras de moy cét hiver. C'est dans ce Poëme que j'ay concerté depuis deux ans que tu remarqueras des Eslevations plus nobles, des Conceptions plus achevées & des expressions plus nettes & plus hardies. Je l'ay entrepris pour payer une partie des obligations dont ma maison est redevable à une Illustre personne qui n'a pas l'esprit moings charmant que les yeux, & j'ay pris tous les soings imaginables pour faire que ce present s'accordast avec la perfection de celle à qui je le donne, & que l'offrande se ressentit en quelque façon du merite de son Autel.

* Var: devient Q 48

ARGUMENT
DU PREMIER ACTE.

Minerve Dame Macedonienne ayant esté enlevée par Atalle amy de Philippe, vient pour luy demander justice de cette violence. 1. Elle est dans les jardins du Prince où faisant reflection sur sa disgrace, elle implore la clemence des Dieux, & les conjure de porter l'esprit de son Souverain à luy faire raison de cette offence. 2. Sa confidente la treuvant dans un estat qui l'informoit assez du trouble de son ame, tasche de la consoler jusqu'à ce que Philippe venant avec Atalle dans ces jardins l'oblige de s'y cacher. 3. Philippe en assurant Atalle de son amitié luy represente l'exces de son crime, et luy tesmoigne que c'est avec une repugnance forcée qu'il laisse cette offence impunie, & fait pencher la balance du coste de l'amitié. 4. Alexandre s'estonnant de l'absence de son Pere en un temps où les Ambassadeurs Grecs l'atendoient avec impatience pour celebrer avec plus de pompe les nopces de Cleopatre, vient de le prier de se rendre aupres d'elle, mais Philippe se sentant esmeu de ses inquietudes & ne voulant pas faire connoistre son faible à ses peuples, prend du temps pour se remettre, & commande à tous ses gens de suivre son fils, voulant faire voir au peuple d'Athenes qu'il estoit aimé de sorte qu'il pouvoit aller sans gardes parmy ses sujets. 5. Estant seul il laisse triompher tour à tour de divers mouvements de Justice & d'amitié, ce qui donne lieu à Minerve de le prendre dans ses bons sentimens. 6. Elle paroist toute effrayée, dont Philippe estonné luy commande de se retirer apres avoir sceu le sujet qui la conduisoit; Elle luy donne des marques d'une douleur excessive, & s'estant servie impuissamment de la priere, laisse agir son ressentiment avec une impetuosité qui la jette dans le desespoir, & se faisant justice elle-mesme, le perce d'un coup mortel, & venge en mesme temps cette mort par la sienne.

PERSONNAGES*

Acte premier

LE SAGE }	Ils paroissent
LE PRINCE }	à tous les Actes.
PHILIPPE,	Roy de Macedoine.
ALEXANDRE,	Fils de Philippe.
ATALLE,	favory de Philippe.
MINERVE,	Dame Macedonienne.
MEGARE,	Confidente de Minerve.

Acte Second

FABIE,	Commandant l'Armée des Romains.
CAMILLE,	Capitaine Romain.
ARBAS,	Confident de Camille.
MIRANDE,	Soldat Romain.
LUCIPE,	Amante de Camille.

Acte Troisiesme

CESAR,	Empereur de Rome.
PTOLOMEE,	Roy d'Egypte.
CLEOPATRE,	Soeur de Ptolomée.
ACHILLE, }	De la Cour de Ptolomée.
SEPTIME, }	
DEUX PRINCES,	qui s'offrent à Cesar.

Acte Quatriesme

ALEXANDRE,	
STATIRA,	Fille de Darie.
BERENICE,	Soeur de Statira.
OROONDATE,	Prince Persan, Amant de Statire.
CLITE,	De la Cour d'Alexandre.
AMINTAS,	De la Cour d'Alexandre.
HARMIN,	Gentilhomme de Perse.

Acte Cinquiesme

PERSEE,	Roy de Macedoine.
ALCMENE,	Femme de Persée.
EUCTEE,	Conseiller de Persée.
LE CANDIOT,	Muet.
EUDEE,	Conseiller de Persée.
PAUL EMILLE,	General des Armées des Romains.
TIBERE,	Romain.
UN EDILE.	

La SCENE est dans un Palais d'Athene.*

* L'astérisque renvoie aux Notes, p. 113.

ACTE I [1]

SCENE PREMIERE.

LE JEUNE PRINCE, LE GOUVERNEUR

LE GOUVERNEUR

Ouy si tu veux monter en ce degré supresme,
Et regner sur autruy, regne dessus toy mesme,
Et viens apprendre l'Art de te donner la loy
Avant que tes subjets la reçoivent de toy.
Ce Sceptre que tu vois tout brillant de lumiere* [2]
Est tousjours composé d'une lourde matiere,
Qui chargeant trop la main de celuy qui le tient,
Perd souvent sa beauté quand il nous apartient.
Ces superbes habits de pourpre & d'escarlate
Ont un lustre qui trompe autant comme il esclatte,
Qui ne semble charmant qu'alors qu'il esbloüit
Mais qui se montre rude alors qu'on en jouit.
En un mot la Couronne a de grands avantages,
Les plus vains des mortels luy rendent leurs hommages,
Mais quel esclat qu'elle ait, elle a tousjours son poids,
Et son or faict blanchir la teste de nos Rois:
Sçache donc pour monter au trône de ton pere
Qu'il ne donne rien moins que ce qu'on en espere,
Qu'il est plein de chagrins, qu'il produit des soucis,
Qu'il tourmente tousjours ceux qu'on y voit assis;
Qu'il luy faut apporter le bien qu'on luy demande,
Que qui le cognoit bien, le fuit, & l'apprehende,
Et qu'il rend tous les Rois bien plus heureux que nous,
Si le lict bien doré rend le sommeil plus doux.
Mais ayant aujourd'hui le dessein de t'instruire
Je m'en vais t'enseigner comme il t'y faut conduire,
Te montrer en tableau des Princes vertueux [3]
Pour en prendre l'exemple, & te former sur eux,
Eviter le deffaut qui fust en leurs personnes,
Prendre les qualitez que nous jugerons bonnes,
Et faire ce qu'aucun n'a jamais inventé,
En te divertissant avec utilité.*

Var: v.15 : Mais quelque esclat qu'elle ait, elle a tousjours son poids, Q 48

Et comme un souverain n'a point de plus grand vice,
Que celuy de manquer à rendre la Justice,
Je vais t'en monstrer un qui perd dedans sa Cour*
Pour ne la rendre pas, la Couronne & le jour.

LE PRINCE

Par quelle invention?

LE GOUVERNEUR

J'ai chez moy de grands hommes,
Les merveilles de France & du siecle où nous sommes,
Qui meslant l'artifice avec le jugement
Savent avec tant d'art despeindre un mouvement
Et ces bouillants desirs qui souvent nous tourmentent
Qu'on dirait à les voir qu'eux-mesmes les ressentent.

LE PRINCE

Mais il faut bien du temps.

LE GOUVERNEUR [4]

Il ne faut qu'un moment
Pour te faire gouster ce divertissement,
Page, faictes lever cette tapisserie,
Ils sont prests, mais surtout escoute je te prie.

(On tire une thoille & l'on voit un jardin dans lequel est une femme en colere. Ils se mettent en un des coins du Theatre pour escouter.)

SCENE II.

MINERVE *seule, se promenant en colere.*

Apres un tel affront me refuser Justice,
Rebuter l'innocence, & soustenir le vice,
Sont-ce les actions d'un juste Potentat?
Est-ce de la façon qu'il maintient son estat,
Et le doit-on tenir pour Prince legitime?
S'il est enfant du vice, & regne avec le crime,
Que me sert qu'il ait fait tant de rares exploits
Qu'il range chaque jour des peuples sous ses loix,

Qu'il emporte des forts, qu'il gaigne des batailles
S'il se laisse gagner dans ces propres murailles,
Et si dedans sa Cour il quitte la vertu
Dont par toute la terre il semble revestu.
Il souffre qu'un brutal luy jette dedans l'ame
Un funeste poison qui le couvre de blame,
Qu'un flatteur enragé luy seme des appas, [5]
Et le rende noircy des deffauts qu'il n'a pas.
Il le rend odieux quoy qu'il soit adorable,
Quoy qu'il soit vertueux, il le rend execrable,
Et tout aymé qu'il est luy fait des ennemis,
Luy faisant soutenir les maux qu'il a commis.
Ah! Philippe, ah! mon Roy, ne deffends plus ce traistre.
Soustenant un mechant on commence de l'estre,
En deffendant le vice on prend part au forfaict,
Et l'on fait plus de mal que celuy qui l'a faict,
Soufre que mon honneur te demande vengeance,
Ne luy refuse pas cette douce allegeance,
Et permets que ce coeur perde qui l'a perdu,
Mais malgré la raison tu me l'as deffendu,
Et quand je te parlois bien loin d'estre escoutée,
Tu m'as fermé la bouche, & tu m'as rebutée.
Ah! je n'espere plus aucun secours de toy,
Je n'en attendray plus que du Ciel & de moy:
Je vais voir ce mechant, & suivy de sa garde*
Il faut que je luy parle, & que je le poignarde:
Mais il est ton amy; mais estant vicieux
Je sçay qu'il est aussi l'ennemy de nos Dieux,
Que c'est leur interest qui demande sa cheute,
Et qu'ils me deffendront si l'on m'en persecute.
Rien ne doibt m'estonner, tout me doibt secourir
Je suis femme, il faut donc me venger ou mourir.

(Megare entre dans ce jardin, & cherche Minerve des yeux.)

Mais j'apperçois Megare.

SCENE III [6]

MINERVE, MEGARE.

MINERVE

Ah! Megare.

MEGARE

Ah! Madame.
Quelle est ceste douleur qui trouble ainsi vostre ame,
D'où vient ce mouvement que je lis dans vos yeux?

MINERVE

Ouvre, ouvre pour moy le sein pour le descouvrir mieux
Fais en me le perçant un passage à mon ame,
Elle t'entretiendra de l'amour d'un infame,
D'un traistre & d'un brutal qui m'a ravy l'honneur.

MEGARE

Mais moderez vos pleurs.

MINERVE

Ils font tout mon bon heur.
En l'estat où je suis les souspirs & les larmes [7]
La plainte, & les sanglots, sont mes plus fortes armes,
Je treuve du remede à pleurer mes douleurs,
Et mon tourment s'exhalle avec l'eau de mes pleurs.
Ce n'est pas qu'il finisse ou qu'il s'en diminue,
Mais c'est qu'en l'iritant il faudra qu'il me tue,
Que c'est par cest espoir que je vis seulement,
Et que j'ay dans ma peine un peu d'allegement.
Oüy, oüy, je veux mourir, sus, quittons la foiblesse,
Excitons nostre coeur pour imitter Lucresse,
Nous eumes son malheur, nous aurons sa vertu,
Et suivrons le chemin qu'elle nous a battu.
Surpassons s'il se peut ceste chaste Romaine;
Mais devant que de m'estre à moy mesme inhumaine,
Cherchons dedans la mort mon supreme bon-heur,
Et ne la recevons qu'en vengeant mon honneur,
Perçons de mille coups le coeur de cet infame,
Signalons par son sang la noirceur de son ame,
Mais, justes Dieux! quelle est cette simplicité?
D'ame il n'en eust jamais que sa brutalité,
Les Dieux n'en mirent point dans son corps execrable,
De peur de profaner un chef-d'oeuvre adorable,
Ils ne le firent point de leur auguste main
Et je tiens asseuré puisqu'il n'a rien d'humain,
Qu'il naquit d'un démon, que c'est un monstre enorme [8]
Bref un corps imparfaict dont le vice est la forme.

Aussi je connois bien qu'il ne vit que par luy,

Que c'est ce qui le faict subsister aujourd'huy,
Que luy seul le maintient, le nourrit, & l'anime,
Qu'il monte aux dignités sur l'espaulle du crime,
Et qu'enfin il n'est rien d'horrible & d'odieux,
Qui prest de luy ne soit adorable à mes yeux.

MEGARE

Helas considerez....

MINERVE

N'acheve point, Megare,
Il faut que de mes mains j'egorge ce barbare,
Mais pour me contenter je vais trouver le Roy,
Et si comme il a fait, il se mocque de moy,
Je jure de nos Dieux la puissance supresme
Que je me vengeray peut-estre sur luy mesme,
Et dedans mon couroux luy pouray tesmoigner
Qu'estant injuste, il est indigne de régner.
Mais le voicy qui vient avecque cest infame
Cachons-nous, escoutons.

(Elles se cachent dans le bois voyant arriver Philippe, Atalle & quelques gardes.)

SCENE IV [9]

PHILIPPE, ATALLE, MINERVE, MEGARE

PHILIPPE *à ATALLE*

Va, ce n'est qu'une femme,
Que te peut-elle faire, & pourquoy la crains-tu?

ATALLE

J'ay pour mes ennemis l'honneur & la vertu.
L'on peut malaisement refuser une belle,
Et vous pouvez enfin vous declarer pour elle.

PHILIPPE

Ne l'aprehende pas, mon coeur est un Rocher
Impenetrable aux traits qu'amour peut decocher,
Je brusle seulement du desir de la gloire.
Ce n'est qu'au champ de Mars que j'aime la victoire.
Et je ne puis enfin me resoudre à dompter
Un sexe qui se plaist à ne pas resister.
Aussi ce n'est pas faire en homme de courage [10]
Que de se rendre esclave à cause d'un visage,
Et je m'estonne fort comme toy que je tiens
L'homme sans contredit le plus vaillant des miens,*
Et que je veux dans peu, si ma charge s'exerce,
Faire mon Lieutenant contre le Roy de Perse.
Ouy, je m'estonne, dis-je, & je ne comprens point
Comme tu t'es rendu foible jusqu'à ce point,
Quoy? ne sçavois-tu pas que ce sexe volage
Se pique de baisser quiconque a du courage,
Qu'il est traistre & flatteur, qu'il seme des apas,
Pour mieux porter ses coups quand on ne l'attend pas.
Que ces mespris sont doux, que sa douceur nous blesse,
Et qu'il peut tout dompter avecque sa foiblesse.

ATALLE

Oüy, je le sçavois bien, mais Seigneur sa beauté.

PHILIPPE

Va ne t'excuse point de cette lascheté
Cest acte vicieux te couvrira de blasme.
Quoy? violer les loix, enlever une femme?
L'oster la force en main des bras de son espoux?
Cher Atalle, il est vray, je le dis entre nous.
Lors qu'elle me vint voir pour me faire ses plaintes, [11]
Je ressentis pour toy de mortelles atteintes.
Mon coeur fust attendry par le cours de ses pleurs
La pitié me pressa d'alleger ses douleurs,
Le devoir me forcea de luy rendre justice;
D'autrepart l'amitié me rendoit ton complice.
Entre deux mouvements mon esprit suspendu
Craignoit ou de te perdre ou de me voir perdu,
Poussé par deux desseins d'esgale violence,
Ne sçachant que resoudre, il estoit en balance,
Il se vit attaquer, il se vit abbatu,
Et resta sans raison, sans force & sans vertu.

Encor à ce moment la justice me presse,
Le devoir me combat, l'amitié s'interesse,
Et ne sçachant quel biais il y faudra tenir,
Je ne la puis vanger, je ne te puis punir,
Et demeurant confus en ce desordre extreme,
Je ne me cognois plus & me cherche en moy-mesme.
Atalle, ah justes Dieux! pourquoy ta passion
T'a-t'elle fait commettre une telle action?
M'oste-t'elle le nom du plus juste des Princes,
Me rend-elle l'horreur de toutes mes Provinces,
Et malgré le pouvoir des destins & du temps
Ternit-elle en un jour des travaux de vingt ans?
J'estois environné d'une immortelle gloire,
J'avois pour compagnons l'honneur & la victoire,
Et le peuple aspiroit de vaincre sous mes loix [12]
Parce qu'il me voyoit le plus juste des Rois.
Mais je suis bien descheu de ma premiere gloire,
J'ay chassé loing de moy l'honneur & la victoire,
Et le peuple craindra de vivre sous mes loix,
Ayant perdu le nom du plus juste des Rois.

ATALLE

Helas! c'est ce qui rend ma douleur infinie,
De voir que vous laissez cette offense impunie,
Que vous me tesmoignez ceste rare bonté,
Et que vous m'aimez tant sans l'avoir merité.
Mais Seigneur, excusez cette amoureuse flame
Qu'une beauté celeste alluma dans mon ame.
L'amour est un tyran qu'on ne peut maitriser,*
Il est fort du pouvoir qu'on luy peut opposer,
C'est un feu violent que l'on ne peut estaindre
Un torrent furieux que l'on ne peut contraindre,
Et pour en mieux parler un ennemy si fort
Qu'on ne peut l'attaquer qu'il ne donne la mort.
Seigneur, je vis Minerve & je la trouvay belle,
Je ne pretendis point de me voir aimé d'elle,
Libre comme j'estois, je ne pouvois penser
Que pour la treuver belle elle me peut forcer,
Mais helas! j'apris bien par sa seconde veuë
Que l'amour paroist foible alors qu'il s'insinue,
Mais que se rendant fort par son accroissement, [13]
On ne peut l'empescher qu'en son commencement,
En voulant l'estouffer je l'aigris davantage,
Je passe en un moment de l'amour à la rage,
Et me sentant pressé de violents desirs,

J'abandonne l'honneur pour suivre mes plaisirs,
Sçachant qu'elle estoit sage autant qu'elle est aimable
Et qu'un jour mon amour me rendroit miserable,
Je voulus prevenir ce jour infortuné
Et me donner le coup qu'un autre m'eust donné,
Je cherche donc, poussé d'une amoureuse envie,
Par un dernier effort, ou la mort ou la vie,
Et j'enleve d'icy cette rare beauté,
Sçachant que son espoux s'en estoit absenté.
Mais ne punissez point

PHILIPPE

Atalle, je te jure
Que je me punirois punissant cette injure,
Juge apres ce discours si je t'estime bien.

SCENE V [14]

PHILIPPE , ATALLE , ALEXANDRE,

ALEXANDRE *parlant à un de la suite de PHILIPPE*

Amy que fait le Roy, qu'a-t'il?

PHILIPPE, *entendant qu'Alexandre demande ce qu'il a.*

Va, je n'ay rien.
Laisse-moy seulement en cette solitude,
Atalle, parle-luy de mon inquietude.

ALEXANDRE

Mais Seigneur, on n'attend que vostre Majesté.
Chacun est dans la lice, où tout est aphesté,
Et j'ay desja mené dedans l'amphitheatre
Les principaux d'Athenes avecque Cleopatre.
Mais cet object divin de qui je suis espoux
Ne me soufrira point si je reviens sans vous,
Aussi vous devez estre à la ceremonie,
Si vous aprehendez qu'elle ne soit finie.
Les Ambassadeurs Grecs, impatients qu'ils sont, [15]
Bruslent de vous donner des Couronnes qu'ils ont,
Mille Seigneurs aussi, de diverses Provinces,

Veulent vous saluer de la part de leurs Princes,
Et s'estans confondus avec vos Courtisans,
Viennent vous apporter de somptueux presens.

PHILIPPE

Hé bien, je les veray, n'en dis pas davantage.
Laisse-moy seul icy remettre mon visage,
Puisque je leur dois faire un gracieux acueil,
Et qu'il n'est pas besoin qu'ils cognoissent mon deuil.
A present un soucy que je ne puis cognoistre,
Attaque mon esprit & veut s'en rendre maistre,
Des Chimeres en l'air me donnent de l'effroy,
Je suis sombre & resveur, & je ne sçay pourquoi.
Va donc les advertir, je m'y rends tout à l'heure.
Allez, suivez mon fils, & qu'aucun ne demeure.

(Alexandre s'en allant seul, il commande à ses gens de le suivre.)

ALEXANDRE

Mais, Seigneur, pour ce jour accordez moy ce point,
Que quelqu'un de vos gens ne vous esloigne point,*
Vous estes en ces lieux sans suitte ny garde.

PHILIPPE

Je suis en seureté lors que je me hazarde.
Et je veux tesmoigner au peuple Athenien, [16]
Que je vais partout libre, & que je ne crains rien.
Allez.

MINERVE *bas.*

L'occasion ne peut estre plus belle.

SCENE VI.

PHILIPPE *seul.*

Quoy? ne suivray-je point la raison qui m'apelle?

Var: v.263 : Vous estes en ces lieux et sans suitte, & sans garde.
Q 48

N'escouteray-je point ce noble sentiment,
Que le Ciel inspira dedans mon jugement?
Ne soufriray-je point l'esclat de sa lumiere,
Retourneray-je encor dans mon erreur premiere?
Et pour me conserver un amy vicieux,
Choqueray-je les loix, la nature & les Dieux?
Oubliray-je l'Estat, l'honneur & la Justice?
Presteray-je main forte à soustenir le vice?
Et malgré le devoir qui parle contre moy,
Seray-je bon amy pour estre mauvais Roy?
Seray-je criminel pour deffendre un coupable? [17]
Seray-je injuste enfin, pour estre pitoyable?
Et perdray-je ma gloire au plus beau de mes ans,
Pour ne vouloir pas perdre un de mes Courtisans?
Non; mais que dis-je? helas! je ne m'y puis resoudre,
Sus, preparons-nous donc à voir tomber la foudre,
A perdre mes plaisirs, ma gloire, mon bon heur,
Le Sceptre, la Couronne, & les biens, & l'honneur,
La justice, les dieux, & l'estat, & moy-mesme,
Plustost que de punir un criminel que j'aime.
Ah Dieux! que veux-je faire, helas! qu'ay-je voulu,
Me perdre, perdre Atalle? ah! qu'ay-je resolu?
Ai-je eu ce sentiment, suis-je donc insensible?
Vouloir perdre un amy, c'est vouloir l'imposible,
Le devoir est sans force où parle l'amitié,
Et la justice est morte où regne la pitié.
Ah! si l'on cognoissait l'extreme violence
Qu'endure un souverain en tenant la balance,
Quand il la fait pencher où veut son interest,
Certes, l'on le plaindroit tout puissant comme il est,
Et l'on recognoitroit apres l'avoir sceu plaindre,
Que son trop grand pouvoir est quelque fois à craindre.

SCENE VII [18]

PHILIPPE, MINERVE, MEGARE.

MEGARE *bas.*

Madame prenez-le dedans ce sentiment.

MINERVE

Je n'oserois je tremble.

(Elles paroissent un peu & Minerve dans une grande irresolution.)

PHILIPPE
(ne les ayant pas entendues & reprenant son discours en se promenant à grands pas.)

Ah! que j'ay de tourment.

MEGARE *bas.*

Madame, parlez donc, il est temps.

MINERVE *bas.*

Ah! Megare,
Attends encor un peu.

PHILIPPE
(poursuivant son discours)

Mon jugement s'esgare.

MEGARE *bas.* [19]

Paroissez.

MINERVE *bas.*

Differons.

MEGARE
(bas, & poussant Minerve dehors)

Non, ne differez pas.

PHILIPPE
(paroissant surpris de voir paroistre deux femmes)

Mais que veult ceste femme?

MINERVE
(se jettant à ses pieds)

Elle veut le trespas,
Oüy Seigneur, elle vient vous demander justice.

Si vous ne l'aprouvez, faites qu'elle perisse,
Car enfin elle vient par un dernier effort
Pour obtenir de vous la justice ou la mort.

PHILIPPE

Ce discours hors de temps me semble temeraire,
Je vous ay desja dit ce que j'en voulois faire,
Je ne changeray point l'arrest que j'ay donné,
Je suis las de vous voir, & d'estre importuné.*

MINERVE [20]

Ah! Seigneur, permettez que je vous importune,
Considerez, de grace, où va mon infortune,
Et vous direz apres, loing de me condamner,
Que je ne pouvois moins que vous importuner.
Las! à qui voulez-vous que l'affligé s'adresse,
Et qui peut mieux que vous consoler sa tristesse?
Vous estes dans un rang qui vous esgalle aux Dieux
Vous pouvez icy bas ce qu'ils peuvent aux Cieux.
Vos subjets ne sont rien que selon vostre envie,
Vous tenez dans vos mains & leur mort & leur vie,
Et lors que l'innocent a besoin de secours,
Ce n'est qu'à vous enfin qu'il doit avoir recours,
(Elle se veut jeter à genoux.)
Par vous tout se commence & par vous tout s'acheve,
Et c'est de vous enfin qu'il faut que tout releve.
Ah! Seigneur, permettez.

PHILIPPE

Je vous l'ay desja dit.
Autant qu'auparavant ce discours m'estourdit,
Il trouble le repos que je devrois attendre,
Je ne vous puis souffrir & ne le puis entendre,
Je ne changeray point l'arrest que j'ay donné,
Je suis las de vous veoir & d'estre importuné.

MINERVE [21]

Ah! changez cest arrest puis qu'il vous fait outrage,
Voyez mon desespoir peint dessus mon visage,
Escouttez ces soupirs enfans de mes douleurs,

Var: v. 308 : Si vous ne l'aprouvez, faites qu'elle y périsse

Observez mes sanglots, considerez mes pleurs,
Et cognoissant les maux dont je suis afligée
Ou faites que je meure ou que je sois vengée.
Ah! douleur fais icy ton plus puissant effort,
Implore de mon Roy la Justice ou la mort,
Anime mon esprit, pousse & conduis ma langue,
Arme de traits perçans ta muette Harangue.
A mon secours, honneur! A mon secours pitié!
Venez du Ciel icy combattre l'amitié,
Prestez vostre assistance à ceux qui vous reclament,
Secondez aujourd'huy les desirs qui m'enflament,
Et venez triompher d'un monstre de l'enfer
Puisque mon souverain n'en veut pas triompher,
Respandez dans son coeur

PHILIPPE

Vous perdez temps, Madame,
Ny vous ny la pitié n'ont peu toucher mon ame,
Et demeurant tousjours ferme dedans ce point
Ny la pitié ny vous ne la toucherez point,
Je vous l'ay desja dit, je vous le dis encore,
Je ne perdray jamais un amy que j'adore,
Tous vos pleurs & vos cris vous seront superflus. [22]
Adieu, retirez-vous & ne m'en parlez plus.
*(Il la pousse rudement.)**

MINERVE

Que je n'en parle plus, & que je me retire?
Est-ce ainsi que tu tiens les Resnes de l'Empire?
Est-ce ainsi que tu fais les actions d'un Roy?
Sont-ce là les vertus que l'on adore en toy,
Et lors que je t'implore, ozes-tu bien me dire
Que je n'en parle plus, & que je me retire?
Quoy? les Dieux t'ont-ils mis le Sceptre dans la main
A dessein seulement de te rendre inhumain?
Ne t'ont-ils accordé la puissance Royalle
Que pour faire esclatter une ame desloyalle,
Et ne t'ont-ils rendu leur arbitre en ces lieux
Que pour veoir prophaner ce qu'ils aiment le mieux?
Par eux nous te voyons hors du commun des hommes,
Sans eux tu ne serois que ce que nous te sommes,
Ce sont eux qui t'ont mis le Sceptre dans la main

Var: v.354 : Ny la pitié ny vous ne la toucheront pas. Q 48

Ce sont eux qui pourront te l'aracher demain,
Ce sont eux qui t'ont fait adorer sur la terre,
Qui t'ont fait regarder comme un foudre de guerre,
Qui t'ont rendu l'effroy de tous tes ennemis,
Qui les ont attaqués, qui te les ont soubmis,
Et ce sont eux enfin, qui selon mon envie [23]
T'osteront dedans peu la Couronne & la vie,
Rendront ton Diademe un horrible bandeau
Et feront de ton trône un funeste tombeau.

PHILIPPE

Hé quoy, femme! ozes-tu me parler de la sorte?
Va, va, garde d'aigrir le couroux qui m'emporte,
Ne me replique plus; sors promptement d'icy,
Ou je t'apprendray bien de t'eschaper ainsi.

MINERVE

Je m'eschape, il est vray, mais pourois-je moins faire,*
Si je te voy ternir ton plus beau caractere?
Et pourois-je penser que tu fusses mon Roy,
Voyant regner ainsi l'injustice chez toy?
Non, je ne te crois point mon Prince legitime.
Philippe aime l'honneur, toy tu cheris le crime,
Et j'ose encor un coup m'ostiner en ce point,
Puis qu'il est vertueux & que tu ne l'es point
Non, ce ne fust pas toy qui triompha d'Argée,
Qui defit les Hongrois en bataille rangée,
Dompta les Esclavons & brava le destin,
En subjugant le Trace & l'Emphipolitain.
Non, ce ne fust pas toy qui desmolit Methone,
Qui punit & chassa le Tyran Tisiphone,
Qui deffit Licoon pour les Thesaliens,
Qui rompit Onomarque avec les Phociens,
Qui prit d'assaut Calcide & la ville d'Hollainte, [24]
Par des pieux travaux finit la guerre saincte;
Qui se fit redouter chez les Atheniens,
Qui mist dedans ses fers tant de Beotiens,
Et s'en rendit le maistre en l'heureuse journée
Qu'il rougit de leur sang les champs de Cheronnée.
Tu ne les vainquis point, non, ce ne fust pas toy.
Tu n'és plus ce Philippe, & tu n'es plus mon Roy.
Je ne te cognois point en ma fureur extreme,
Rends-moy donc la justice à cause de toy-mesme.

PHILIPPE

Quels discours insolents, quelle temerité!*
Va, va, n'abusez plus de ma rare bonté,
Ma patience est lache apres un tel langage,
Et ton trespas devroit reparer cest outrage.
Sors d'icy promptement.

MINERVE

Je n'en sortiray pas.
Je suis une furie attachée à tes pas.

PHILIPPE

Helas, quelqu'un à moy, garde!

MINERVE

Rien ne m'estonne,
Je crains ta garde encor bien moins que ta personne.

PHILIPPE *en s'en allant.* [25]

Evittons, quittons-la.

MINERVE *le suivant.*

Tu ne peux éviter.

MEGARE
(voulant courir apres, la voyant furieuse.)

Empeschons le courroux qui pourroit l'emporter.
Ah Ciel! que feras-tu de cette autre Lucresse?
Elle tire un poignard, ah Dieux! elle le presse,
Elle chancelle, il tombe, elle se frape aussi.
Helas, quel accident, juste Ciel, qu'est-cecy?
Fuyons pour eviter une peine infinie,
Et voyons sans regret l'injustice punie.

Fin du premier Acte.

ARGUMENT [26]

DU SECOND ACTE.

Camille Capitaine Romain ayant un fort à sa garde en l'armee que Fabie commandoit pour les Romains contre Hannibal, en sortoit tous les soirs pour aller voir une fille qu'il aimoit en l'armee des ennemis. 1. Son amy luy represente le tort qu'il se faict se mettant au hazard d'estre soupçonné de quelque intelligence avec les ennemis, il oppose à ses raisons la violence de son amour, & croit que sa fidelité ne peut estre soupçonnée, n'ayant pas dessein de la violer. 2. Des gens viennent de la part de Fabie se saisir de luy; son courage l'oblige de faire resistance, jusqu'à ce qu'un ordre plus puissant le contraint de se rendre. 3. Fabie paroist qui luy demandant son espée, le remet en suitte entre les mains de ses gardes pour le punir de l'infidelité qu'il presupposoit en luy. 4. L'amy de Camille restant avec Fabie esclaircit la verité des choses, & luy represente que l'amour qu'il avoit, estoit chez les ennemis, & non pour les ennemis, puisque il ne s'y rendoit tous les soirs, que pour y voir une fille qu'il aimoit. 5. Fabie reste avec inquietude & considerant ce que peut la douceur sur l'es-[27] prit qui cherissant l'honneur s'est laissé surprendre à quelque legere passion, il s'esclaircit des choses & penche en suitte du costé de la clemence. 6. Camille estant apres amené devant Fabie & luy demandant pardon de quelques paroles libres qu'il s'estoit emancipé de luy repartir, obtint enfin le pardon de sa faute, & reçoit de la main de Fabie la fille qu'il aymoit, ce qui le comblant de faveur & de grace, l'oblige en suitte de s'attacher d'affection à Fabie & de rentrer pour jamais en son devoir.

ACTE II* [28]

SCENE PREMIERE.

LE PRINCE, LE GOUVERNEUR.

LE GOUVERNEUR

Rapelle ton esprit de cest estonnement,
Ce que tu viens de voir n'est qu'un commencement,
Et toutes ces beautez ne faisant que desclore,
Croissant avec le temps te plairont plus encore.
Je te viens de monstrer qu'il faut qu'un potentat
Donne ses interests au bien de son estat.
Que sans aucun respect il corrige le vice,
Qu'il vange l'affligé qui demande justice,
Et qu'il tesmoigne enfin, punissant les pervers,
Que les Roys sont les Dieux de ce bas univers.
Maintenant tu verras qu'il est bon qu'il pardonne,
Quand l'afront quelquefois regarde sa personne, [29]
Puisqu'il doibt la vengeance aux interests d'autruy,
Et qu'il doit repugner à la prendre pour luy.
Tu veras comme il faut qu'il use de clemence,
Observant l'offenseur & le poids de l'offence,
Et qu'il sçache qu'enfin un excès de bonté
Peut quelquefois autant que la severité,
Puisque pour ramener un homme qui s'echappe,
La douceur fait bien plus que le bras qui le frappe.*

LE PRINCE

Certes, c'est m'obliger jusques au dernier point.

LE GOUVERNEUR

Escoute seulement, ne nous interromps point.

(Ils se mettent en un coing du Theatre, & la toille estant tirée ces personnages paroissent.)

SCENE SECONDE [30]

CAMILLE *Capitaine Romain,*

ARBAS *son Escuyer*

ARBAS.

Vous esloigner du Camp & de nuict & sans suitte,
C'est un peu s'oublier & manquer de conduite,
Seigneur, permettez-moy de vous blasmer icy.
L'amour que j'ay pour vous me faict parler ainsi,
Et je ne puis souffrir l'action que vous faites,
Ny m'empescher de craindre un peril où vous estes,
Car outre que le Roy peut en estre adverty,
Mesme vous soupçonner du contraire party,
Et vous faire punir quand les loix le commandent,
C'est qu'on treuve en ces lieux des Grecs qui se desbandent,
Dont l'impudence extrème allant au dernier point,
Maltraitte les passans & n'en espargne point.

CAMILLE [31]

Cesse de me parler avec un si grand zelle,
Tu te rends importun pour estre trop fidelle,
Je prevois le peril que tu prevois pour moy,
Je sçais qu'il est extreme, & le crains moings que toy,
Ouy, pour veoir la beauté dont mon ame est ravie,
Je ferois vanité de hazarder ma vie,
Et quand de mon depart l'on seroit adverty
Qu'on me soupçonneroit du contraire party,
Qu'on me feroit punir quand les loix le commandent,
Que je verois icy ces Grecs qui se desbandent,
Et que leur impudence iroit au dernier point,
Je les despiterois & ne les craindrois point.
Pour triompher de tous seul j'ay trop de puissance
Contre tous leurs efforts l'amour est ma deffence,
Et je leur monstrerois avec un tel soustien,
Que je puis tout ozer & ne doibs craindre rien.
Ouy, je traverserois la mer la plus profonde
Je verois les pays les plus deserts du monde,
Je trouverois moyen de courir par les airs,
J'irois dedans les Cieux & dedans les enfers,
Et pour veoir un moment ce miracle visible,
Ce qu'aucun ne pouroit, je le rendrois possible.
Ah! qu'amour fust puissant quand il toucha mon coeur, [32]
Deslors il me rendit incapable de peur,
Il me fist surmonter toutes sortes d'obstacles,
M'enseigna les moyens de faire des miracles,
Et beaucoup mieux que Mars, ce demon des Guerriers,

Il m'apprit comme il faut moissonner des lauriers,*
Ce fut à son escolle où mon ame enflammée
Apprit l'art sans pareil de conduire une armée,
De deffendre une place & de l'assieger,
De braver la fortune au milieu du danger,
De signaler mon nom dans l'effroy des allarmes,
De mettre tout en fuite au seul bruit de mes armes,
D'obliger la victoire à marcher sur mes pas,
Et de donner par tout la peur ou le trespas.
Ouy, ce que nous nommons une amoureuse rage,
N'est pour en bien parler qu'un exces de courage,
L'amour bruslant le coeur rend le sang plus bouillant,
Et pour te dire tout, quiconque aime est vaillant,
Ce Dieu tient soubs ces loix & le Ciel & la terre,
Il donne comme il veut & la paix & la guerre.
Il est maistre des Dieux & tous les Eslements
Temperent leur discord par ses commandements,
Il fait que le Soleil illumine le monde,
Il tient le frein des eaux, rend la terre feconde,
Et luy seul donnant l'estre à tant de corps divers, [33]
Je le puis appeller l'ame de l'univers,
(Il entend quelque bruit & voit paroistre un homme.)
Mais quel est ce grand bruit, & d'où vient qu'on me nomme?
Arbas, voy ce que c'est, & ce que veut cest homme.

SCENE III.

CAMILLE, ARBAS, L'EXEMPT
& sa suitte.

L'EXEMPT

Seigneur, je vous arreste, & de la part du Roy.

CAMILLE

De quel Roy?

L'EXEMPT

Vous sçavez qu'en l'armée Ennemie,*
On a tout haut donné ce nom au Grand Fabie,
Qui fut trois fois Consul merite d'estre Roy.

CAMILLE

Je luy rends cest honneur aussi bien comme toy,
Mais,

L'EXEMPT [34]

Je ne responds point des ordres qu'on me donne,
J'execute ma charge & ne cognois personne.

CAMILLE

Je ne te puis souffrir me parler de si prés,
Amy, retire-toy.

L'EXEMPT

Le Roy l'ordonne exprés,
Et je viens de sa part vous demander l'espée.

CAMILLE

Amy, sa Majesté s'est peut-estre trompee,
Le Roy sçait qu'en l'estat où je suis aujourd'huy,
Je ne la sçaurois rendre à d'autre homme qu'à luy,
Luy seul me la donna, luy seul la doibt reprendre.

L'EXEMPT

Ne vous obstinez point.

CAMILLE

Non, je ne la puis rendre,
Je veux jusques au bout m'obstiner en ce point,
Je ne l'ay pas renduë, & ne la rendray point,
L'on t'a nommé mon nom sans doubte pour quelqu'autre,
Tu l'as mal entendu.

L'EXEMPT [35]

Non, Seigneur, c'est le vostre.
Mais sans nous amuser en discours superflus,
Rendez-moy vostre espée, & ne contestez plus,
Autrement vous verrez....

CAMILLE

Hé quoy, l'on me menace?
Encor un coup, amy, retire-toy de Grace,
Apprends à me cognoistre, & sçache qui je suis.

L'EXEMPT

Mais vous-mesme Seigneur, voyez ce que je puis,
Et ne m'obligez pas d'user de violence.

CAMILLE *en se retirant*

Je cognois tes pareils, & sçais leur insolence,

(Il met la main sur la garde de son espée.)

Mais regarde ce fer & sans t'en estonner,
Apprends que pour l'avoir, il faut m'assassiner.
Ce n'est que par ce bout....

(Il met la main à l'espée.)

SCENE IV [36]

FABIUS, CAMILLE, ARBAS, L'EXEMPT.

FABIUS *sortant en colere.*

Rendez-la, je l'ordonne.

CAMILLE *en rendant son espée.*

Puisque vous le voulez, il faut que je la donne,
Mais Sire, accordez-moy pour mon dernier bonheur,
Ce que vous accordez à tous les gens d'honneur.
Ordonnez qu'on me tuë en m'ostant mon espée,
Tousjours à vous servir elle fust occupée,
Et n'estimant le jour qu'en tant que je vous sers,
Je suis prest de le perdre alors que je vous pers.
M'ayant donné ce fer vous le pouvez reprendre,
Je le receus de vous, je suis prest de le rendre.
Vous avez tout pouvoir, je ne puis resister,
Et ce que vous donnez, vous le pouvez oster.

Toutefois dites-moy ce que produit l'envie,
Pour noircir la candeur d'une innocente vie,
En quoy suis-je suspect à vostre Majesté?

FABIUS [37]

Pour t'esloigner du fort contre ma volonté,
Tu sçais bien qu'Anibal campe en cette montagne,
Que nous avons sur nous l'Italie & l'Espagne,
Qui veillant sans repos dessus nos actions,
Taschent à s'informer de nos intentions,
D'observer mes secrets, & de les reconnoistre,
D'apprendre de quelqu'un l'estat où je puis estre
Et tu sçais quel danger nos armes recevroient,
S'ils sçavoient mes desseins, ou s'ils les decouvroient,
Jusque-icy j'ay tousjours vaincu par mon adresse,
Je n'ay point respandu le sang de la Noblesse,
Et je me puis vanter que par moy les Romains
Peuvent vaincre par tout sans en venir aux mains,
Toutefois, malheureux, ton caprice hazarde
Et ma gloire & le fort, où je t'ay mis en garde,
Et quittant laschement le poste où je t'ay mis,
Tu vas t'entretenir avec mes ennemis.

CAMILLE

Ah Sire! au nom des Dieux, perdez cette creance
Ne me soupçonnez point de leur intelligence,
Jugez mieux, s'il vous plaist, & de vous & de moy,
Pour vous faire trahir vous estes trop bon Roy.
Et moy pour vous trahir j'ay l'ame trop bien née: [38]
Au salut de l'Estat ma vie s'est destinée,
Et je tiens que mes jours, quoy que vous en croyez,
Sy je ne vous servois, seroient mal employés,
Je vous ay tousjours pris pour seigneur & pour maistre,
Je fus tousjours fidelle & le veux tousjours estre,
Et tant que je vivray, Sire, permetez-moy
De vous nommer tousjours mon Seigneur & mon Roy.
Quoy qu'on vous persuade, & quoy que l'on vous die,
J'adore vostre regne & hay la perfidie,
Quand mesme le devoir ne m'y contraindroit pas,
Un instinct naturel me fait suivre vos pas,
Me regardant comblé des biens que vous me faites,
Et vous cognoissant juste & bon comme vous estes,
Je me verray tousjours forcé de vous aimer,
De vous servir partout & de vous estimer.

Ouy, Sire, asseurez-vous que je ne suis point traistre,
Dans peu, si vous voulez, vous le pourez cognoistre:
Envoyez-moy sur l'heure au plus fort des hazards,
Le cimeterre en main affronter le Dieu Mars,
Essuyer le peril de toute cette Guerre,
Enfin, si vous voulez, choquer toute la Terre,
Et je vous monstreray par des coups plus hardis,
Que j'en ferois pour vous bien plus que je n'en dis.
Mais, Sire, dictes-moy quelle est cette Ame noire, [39]
Et cest homme jaloux ennemy de ma gloire,
Qui veut m'oster le bien que j'ay tant souhaité,
Et me rendre odieux à vostre Majesté?
Fust-il aussi vaillant qu'estoit jadis Herculle,
S'il m'ose faire teste, il faudra qu'il reculle,
Et quelque grand qu'il soit, il se dementira,
Confessera son crime, & s'en repentira.

FABIUS

Suffit.

CAMILLE

Sire, souffrez.

FABIUS

Non, point de repartie.
Je suis seul aujourd'huy ton juge & ta partie,
Ignorant le subjet qui t'a fait absenter,
Pour l'apprendre de toy je te fais arrester.

CAMILLE

Ah Sire! je ne puis vous en dire la cause.

FABIUS

Peut-estre que la gesne y pourra quelque chose.

CAMILLE [40]

La gesne, les tourments, & l'horreur du trespas,
Et l'enfer & les Cieux ne m'y forceroient pas.

Var: v.613 : Pour l'apprendre de toy je t'ay fait arrester. Q 48

Suffit que j'ay monstré que je vous suis fidelle,
Que je vais avec joye où vostre honneur m'apelle,
Et que quelque tourment que l'on m'ait apresté,
Je suis prest de mourir pour vostre Majesté,*
Le Dieu qui m'a fait naistre, au point de ma naissance
A soubmis ma personne à vostre obeissance,
Il vous a fait present du corps qu'il me donnoit,
Et l'a remply d'un sang qui vous appartenoit,
Sire, disposez-en, traittez-le comme vostre,
Croyez asseurement qu'il ne peut estre à d'autre,
Et que, quoy qu'il en soit, qu'il me sera fort doux
De vous rendre le bien que je tenois de vous,
Souffrez que j'aille encor au milieu des allarmes,
En le versant pour vous, ensanglanter mes armes,
Que je vous fasse voir si je suis vray Romain,
Et que je meure au moins les armes à la main,
Mais ne me pressez point d'acroistre mon martire,
En disant un secret que je ne puis vous dire.

FABIUS

Je cognois maintenant ce que tu caches tant,
Et je sçay bien quel est ce secret important,
Sans doute tu t'entends avec nostre adversaire, [41]
Et ton amour enfin est au party contraire.

CAMILLE

Puis qu'on vous a tout dit, & que tout m'est permis,
Ouy, Sire, mon amour est chez les ennemis.

FABIE

Et c'est ce qui causoit tous les soirs ton absence.

CAMILLE

Et qui la causera, si j'en ay la puissance.

FABIE

Les fers t'obligeront à changer de discours.

CAMILLE

Sire, ce que je suis, je le seray tousjours.

FABIE

Loing de te repentir, tu t'obstines encore.

CAMILLE

On doibt bien s'obstiner pour un mal qu'on adore.

FABIE [42]

Je mettray mon pouvoir à t'en faire guerir.

CAMILLE

Sire, vous ne pouvez, sans me faire mourir.

FABIE *en s'estonnant.*

Aymez des ennemis?

CAMILLE *en soupirant.*

Ah! qu'ils sont redoutables.

FABIE

Que ne les crains tu donc?

CAMILLE

Leurs coups sont trop aimables.
Ouy, si vous cognoissiez ces doux tyrans des coeurs,
Et si vous aviez veu ces aimables vainqueurs,

FABIE

Va, va, je ne veux point les voir ny les cognoistre,
Je ne cognois que Rome, & je ne suis point traistre,
Mais toy, souhaittes-tu d'estre dans leur prison?

CAMILLE

Sire, je le souhaitte avec juste raison.

FABIE

Avec juste raison! que dis-tu miserable?

CAMILLE [43]

Je dis ce que je pense, & je suis raisonnable.

FABIE

De crainte de la mort tu changeras tantost.

CAMILLE

Je ne changeray point, mais je mourray plustost.

FABIE

Va, ne te pique point de ce trop de courage.

CAMILLE

Sy je ne m'en piquois, je serois bien volage.

FABIE

Tu t'en repentiras estant sur l'eschafaut.

CAMILLE

Qui se repent si tard ne fait pas ce qu'il faut.

FABIE

Ton amour te rend donc .....

CAMILLE

Autant leur comme vostre.

FABIE

Il te faut declarer ou pour l'un ou pour l'autre,
Sois pour ces ennemis, ou pour Rome, & pour moy.

CAMILLE [44]

Je suis pour tous les deux & fais ce que je doy.
Il captive mon coeur, vous captivez mes armes,
J'aime vostre puissance, & j'adore leurs charmes.

FABIE

Il a perdu le sens, emmenez-le d'icy.

CAMILLE *se sentant saisir.*

Ah! ne permettez pas que l'on me traitte ainsy.

FABIE

Je ne t'escoute plus. Va, je te tiens un traistre.

CAMILLE *en resistant à ceux qui le pressent.*

Ah! Sire, dites donc, où l'a-t'on pû cognoistre?
Sire, est-ce quand Varon, nous suivant de si prés,
Perça mon bouclier de plus de mille traits?
Fust-ce alors que poussé d'une humeur trop bouillante
Je tuay douze chefs au siege de Tarante?
Fust-ce quand Paul Emille, en tombant de cheval,*
Alloit sans moy tomber dans les mains d'Hanibal,
Quand il nous attaqua si proche de Trebie,
Quand vostre Lieutenant pensa laisser la vie?
Ou quand je fus deux jours perdu parmy les morts, [45]
Nageant dedans le sang d'un million de corps?
Enfin quand je finis la bataille de Cannes,
Que je tranchay d'un coup la teste de Tigranes,
Et que dans Casiline on me vit par deux fois
Mettre en fuitte moy seul tous les Cartaginois.
Mais pourquoy m'amuser à citter ces Monarques?
Sy je vous ay trahy, Sire, en voila les marques.
Elles me serviront d'un tesmoignage icy,
Et seront malgré vous ma rescompense aussi.

FABIE

M'ozes-tu reprocher ce qu'un subjet doibt faire,
Et m'ozes-tu tenir ce discours temeraire?
Ouy, quand j'aurois dessein de prolonger tes jours,
Je les terminerois apres un tel discours.

Si tu m'as bien servy, sçache qu'il n'est point d'homme,
Qui ne fist encor plus pour la gloire de Rome,
S'il en avoit receu des honneurs & des biens
Qu'il n'eust pas merité, ny luy ny tous les siens;
Mais je veux, oubliant jusques à ta memoire,
Perdre tout ce qui peut me parler à ta gloire.

CAMILLE [46]
(estant tiré par les soldats qui l'entrainent)

Sire, perdez-vous donc avec tous les lauriers
Qui couvrent aujourd'huy le front de vos guerriers.

FABIE *en colere.*

Va, je ne perdray point, dans ma colere extresme,
Ny moy ny mes lauriers, mais ce sera toy-mesme.
Qu'on le charge de fers, & qu'il meure aujourd'huy.

SCENE V.

FABIE, ARBAS.

ARBAS

Helas! quoy qu'il ait dit, ayez pitié de luy,*
Sire, pardonnez-luy.

FABIE

Moy, que je luy pardonne?
Il me faut donc resoudre à quiter la Couronne?

ARBAS

Il ne vous trahit point, il aime seulement.
L'excès de son amour le rend sans jugement.
Et faict que tous les soirs, luy-mesme, il se hazarde, [47]
Abandonnant le fort où l'on l'a mis en garde,
Et va passer, luy seul, en des lieux ennemis,

Var: vv.709-713 sont omis, remplacés par un seul vers,
ARBAS : Ah! Seigneur, pardonnez, & m'escoutez pour luy; Q48
Var: v.714 : L'Amour seul fait qu'au soir tout seul il se hazarde, Q 48

Pour y voir un moment l'object qui l'a soubmis.

FABIE

N'a-t'il pas advoüé, le jeune temeraire,
Que son amour estoit dans le party contraire?

ARBAS

Puisqu'on y voit l'object qui cause son soucy
Il avoit bien raison de vous parler ainsy,
Que si vous ne croyez ce discours veritable,
Dans peu la verité vous le rendra croyable;
Permettez-moy d'aller jusqu'à leur rendezvous,
Dire à cette beauté qu'elle s'adresse à vous,
Et je suis asseuré qu'elle obtiendra sa grace.

FABIE

Je puniray tousjours l'exces de son audace,

ARBAS

Sire, c'est un jeune homme, & le sang qui luy bout
Devroit vous obliger à luy pardonner tout.
Dans une promptitude un esprit de sa sorte
Se recognoist souvent aussi tost qu'il s'emporte,
Et dedans sa collere il est aveugle au point, [48]
De dire quelquefois ce qu'il ne feroit point.
Lors que vous l'accusiez de vous manquer de zele,
Il a tout oublié pour parestre fidelle,
Et le traittant de lasche, & le tenant suspect,*
Il a perdu l'esprit, a manqué de respect,
Et vous a fait cognoistre en sa fureur extreme
Qu'il estoit plus à vous, qu'il n'estoit à luy-mesme.
C'est un jeune Lion.

FABIE

J'en craindray la fureur.

ARBAS

Sire, permettez-moy de vous tirer d'erreur,
Et de vous faire veoir ceste amante adorable.

FABIE

N'esperez pas par là de me rendre traitable.

ARBAS

N'importe, Sire.

FABIE

Hé bien, va-t'en donc la querir.

ARBAS

J'y cours.

SCENE VI [49]

FABIE *seul*

Me resoudray-je à le faire mourir?
Je sçay qu'il est fidelle autant qu'on le peut estre,*
Que l'amour seulement l'a fait passer pour traistre;
Et que si ma bonté ne le conserve pas,
Je fais mourir en luy mille de mes soldats;
Mais aussi d'autre part son extresme insolence
Dict que je l'abandonne à ma juste vengeance,
Et que, puis qu'il vaut seul mille de mes soldats,
Je doibs craindre ce nombre, & ne l'espargner pas,
Estouffer de bonne heure une hydre renaissante
Que ma facilité rendroit plus malfaisante,
Et temperer les flots d'une orgueilleuse mer,
Que dans un autre temps je ne pourrois calmer.
Lors qu'un subjet en vient jusques à l'arogance
Il se faut defier de son extravagance.
Un Roy se doit tenir contre son ennemy,
Et ne doit point avoir un subjet à demy,
De peur d'estre tousjours dessus la deffensive,
Quelque vaillant qu'il soit, il est bon qu'il s'en prive,
Puis qu'il luy siéroit mal de trembler en ces lieux, [50]
Et de craindre un mortel, estant au rang des Dieux.
Nos subjets sont nos serfs, & suivant nostre envie,
Nous leur pouvons oster & l'honneur, & la vie,
Quoy que nous leur fassions, ils doivent endurer,

Paroistre obeissans & ne point murmurer.
(Il voit arriver Arbas & Lucipe.)
Mais cette femme vient. Juste Ciel, qu'elle est belle!
Camille avec raison se hazardoit pour elle.

SCENE VII.

FABIE, ARBAS, LUCIPE, MIRANDE.

FABIE *relevant Lucipe*

Madame, levez-vous.

LUCIPE

Je suis comme je doy.

FABIE

Levez-vous.

LUCIPE

J'obeis.

FABIE

Que voulez-vous de moy?

LUCIPE [51]

Je ne tacheray point, dans l'ennuy qui me blesse,
De vous representer l'exces de ma tristesse,
Pour faire ce tableau je manque de couleurs,
Et je ne le peindray qu'avec l'eau de mes pleurs,
Aussi bien ma douleur est assez elloquente
Pour figurer au vif le mal qui me tourmente,
Puisqu'en fermant ma bouche, elle inspire à mes yeux
Un langage naif qui s'exprimera mieux.
Ouy Sire, la douleur ne m'a rendue muette,
Qu'à dessein seulement d'estre mon interprete.
Qu'à fin de vous toucher encor plus vivement,
Et d'implorer de vous la grace d'un amant.
Que si vous me niez cette faveur insigne,

Parce que vous jugez qu'il en seroit indigne,
Je ne me plaindray point de vostre Majesté,
Et crois que s'il perit, c'est avec equitté,
Ouy, si vous l'accusez, il n'est pas excusable,
Sy vous le condamnez, je tiens qu'il est coupable;
Que si vous le blasmez, chacun le doit blasmer,
Et qu'estant criminel, je ne dois plus l'aimer.
Mais pour ne rompre pas le noeud qui nous assemble,
De grace, commandez que nous mourions ensemble.
Luy, pour avoir failly contre l'ordre des loix,
Et moy, pour avoir fait un si vicieux choix.

FABIE [52]

Laissez mourir un lasche, & ne songez qu'à vivre,

LUCIPE

Tout lasche comme il est, s'il meurt, je le veux suivre.

FABIE

Conservez mieux vos jours.

LUCIPE

Conservez donc les siens.

FABIE

Ce seroit hazarder les vostres, & les miens.

LUCIPE

Helas! quoy qu'il ait dit, croyez qu'il vous respecte.

FABIE

Apres ce qu'il a dit, sa personne est suspecte.

LUCIPE

Ah! Sire, au nom des Dieux, ayez pitié de nous.

FABIE

Je n'en ay point pour luy, mais j'en ay trop pour vous.

LUCIPE [53]

Sy j'espere, Seigneur, c'est en vostre Clemence.

FABIE

Madame, n'esperez qu'en la seule innocence.
Mais pour vous tesmoigner l'exces de ma bonté
Et que je le punis contre ma volonté,
Je vais, pour l'esprouver, commander qu'on l'ameine,
Voir s'il persiste encor dans sa premiere haine.
S'il se repent de tout, si le temps l'a remis,
Et s'il veut estre encor au rang de mes amis.
Mirande, amenez-le.

MIRANDE

Sire, il est icy proche.

FABIE *à Lucipe*

Aprés, vous ne pourez me faire aucun reproche.

LUCIPE

Ah! Sire, vous avez trop de bonté pour moy,
Et je le hairay, s'il vous manque de foy.

FABIE

Pour le voir clairement, & le bien recognoistre,
Cachez-vous sous ma tente, & gardez de paroistre,

(Elle se cache soubs la Tente)

Puisque, s'il vous voyoit, il pourroit soupçonner [54]
Que je songe à sa grace, & luy veux pardonner.

ARBAS

Sire, cette action augmente vostre estime.

FABIE

Je voudrois de bon coeur luy pardonner son crime,
Et je souhaitterois qu'il voulut demander
Le bien que mes bontés luy veulent accorder.
Mais le voicy qui vient.

SCENE VIII.

FABIE, LUCIPE, CAMILLE, ARBAS, MIRANDE.

FABIE

Hé bien, homme infidelle,
Ne te repens-tu point d'avoir esté rebelle?

CAMILLE

L'on ne se repent point de ce qu'on n'a pas fait;
Mais je suis criminel pour un autre forfaict,
C'est de m'estre emporté jusques à l'insolence. [55]
Ouy Sire, vengez-vous punissant mon offence,
Et ne regardez point le regret que j'en ay,
Je meritay la mort quand je vous offençay.

FABIE

Ouy, tu la meritois, & moy je te pardonne:
Mais je veux que quelqu'un veille sur ta personne,
Qu'il te suive partout, qu'il marche sur tes pas,
Qu'il te contraigne mesme à ne l'esloigner pas,*
Et qu'il te force enfin d'estre en sa compagnie,
C'est comme je punis ton audace infinie,
Et le moyen que j'ay pour t'arrester au fort.

CAMILLE

Ah! Sire, cette Grace est pire que la mort,
La passion que j'ay veut que je la refuse.

FABIE

Puisque c'est mon souhait, ne cherche point d'excuse,
Pour m'oster le soupçon que j'avois de ta foy,

Il est bon que quelqu'un me responde de toy.

CAMILLE

J'ay merité la mort, & je vous la demande.

FABIE [56]

Non, non, je te veux faire une faveur plus grande,
Et je te veux donner un garde qui te plaist.

CAMILLE

Pas un ne me plaira.

FABIE

Devine quel il est?

CAMILLE *haut le premier mot, & le reste bas.*

Un de mes ennemis? Ah! qu'ils sont redoutables!

FABIE

Tu ne les craindrois point, leurs coups sont trop aimables.
Tu le disois tantost.

CAMILLE

Ah! je m'entendois bien.

FABIE

Non, tu les cheriras, Camille, ne crains rien.

CAMILLE

Cherir un ennemy qui faict qu'on me soupçonne?

FABIE

Qui te rend innocent, & faict qu'on te pardonne.

CAMILLE [57]

Il a causé mon mal.

FABIE

Mais tu l'adoreras,
Et couras l'embrasser lors que tu le verras.

CAMILLE

Je ne me puis contraindre, & ne fus jamais traistre.

FABIE *en tirant Lucipe hors de sa Tente.*

Tu ne le fus jamais, mais commence de l'estre.
Hé bien, quitteras-tu ce garde?

CAMILLE

Ah! l'heureux jour!

FABIE

J'ay sceu ton innocence ainsi que ton amour,
Je t'ay tout pardonné, songe à me satisfaire.

CAMILLE

Sy je ne meurs pour vous, je ne le sçaurois faire.
Ouy Sire, je le dis, cette extreme bonté,
M'attache pour jamais à vostre Majesté,
Et me touche si fort que ma plus grande envie
Est de vous la payer par le prix de ma vie.
Ah! Prince magnanime, Ah! sage & digne Roy, [58]
Mon ame desormais veut estre tout à toy,
Et quoy que cest objet fasse toute ma joye,
Je le verray de l'oeil qu'il faut que je le voye,
Sy mon bien te desplaist, j'y renonce aujourd'huy.

FABIE

Non, je veux que l'Hymen finisse vostre ennuy.

LUCIPE

Ah! Clemence adorable!

CAMILLE

Ah! bonté sans Exemple!
Ainsi qu'aux immortels nous vous devons un temple.

Fin du Second Acte.

ARGUMENT [59]

DU TROISIEME ACTE.

Cleopatre ayant dessein d'obliger Cesar aux despends de son honneur, veut commencer par l'assassinat de Pompée, & persuade à Ptolomée son frere de treuver l'affermissement de ses Estats par cette trahison. 2. Comme elle est partie, ce jeune Prince faict reflexion sur les ordres sanglants qu'il vient de donner, & laisse balancer son ame entre la gloire à l'interest, & sort avec dessein d'aller luy mesme arrester le bras d'Achilles & de Septime, auxquels il avoit mis le fer en main. 3. Cesar au retour de la guerre de Pharsalle vient en Egypte & aborde à Leluzium, où Ptolomée pour la magnificence de l'entrée ne luy preparoit en ce port de mer que la teste de son vaillant ennemy. 4. Quelques Princes pour s'asseurer de son amitié luy presentent leurs biens & leurs soldats, & Cesar se servant de sa douceur ne reçoit leurs offres qu'avec des conditions advantageuses pour eux. 5. Comme il exageroit les travaux qi'il avoit eus en cette guerre, & qu'il plaignoit en quelque façon le destin de Pompée, Ptolomée vient & luy faisant le funeste present de la teste [60] de ce glorieux vaincu. Ils restent tous deux dans un estonnement qui les oblige quelque temps au silence; l'un de voir assassiné le plus grand homme & le plus vaillant qui fust jamais, & l'autre de voir que l'on reçoit si mal les tesmoignages de son amitié & de sa violence. A la fin Cesar revenu de son estonnement laisse agir ses resentimens & ne donnant que des imprecations pour rescompense à Ptolomée, s'abandonne à sa generosité de sorte qu'il ne luy peut refuser des pleurs qu'elle luy demande. 6. Ptolomée restant avec la confusion du crime qu'il a commis, ouvre les yeux de l'ame & recognoissant l'excès de son erreur, veut que sa main execute l'arrest que la vertu prononce contre luy, & laisse enfin aux Dieux la vengeance de ce crime, & la punition de sa lascheté.

ACTE III* [61]

SCENE PREMIERE.

LE PRINCE, LE GOUVERNEUR.

LE PRINCE

Certes, je n'ay rien veu d'esgal à ces merveilles.

LE GOUVERNEUR

Prepare donc encor tes yeux & tes oreilles.
Je te viens de monstrer qu'il faut que la bonté
L'emporte quelquefois sur la severité.
Maintenant tu verras qu'il faut qu'un grand courage*
Pleigne son ennemy que la fortune outrage,
Puisqu'un Prince est barbare, & n'est pas genereux,
S'il ne donne des pleurs au sort d'un malheureux,
De qui la main des Dieux a sacré la personne,
Qui portoit autrefois comme luy la Couronne;
Et s'il ne recognoit que la fatalité [62]
Le peut reduire un jour en cet extremité,
Ouy, quand un souverain poursuit son adversaire,
Il doit tout pratiquer afin de le deffaire,
Mais quand il est deffait, & qu'il luy quitte tout,
Il ne doibt pas alors le presser jusqu'au bout,
Il se doibt contenter de gaigner la victoire,
De l'avoir despoüillé de richesse & de gloire,
Et ne doibt pas tascher à le desesperer,
Quand il n'a le pouvoir que de se retirer.
De plus tu cognoistras en voyant cette histoire,
A quelle extremité se porte une ame noire,
Quand elle delibere, & quand elle entreprend
De commettre un forfaict pour obliger un grand.

LE PRINCE

Hé Dieu! comment payer ceste bonté parfaite?*

LE GOUVERNEUR

Escoute seulement, c'est ce que je souhaitte.

SCENE II* [63]

PTOLOMEE, CLEOPATRE

CLEOPATRE

Hé quoy? vous redoutez un malheur necessaire,
Et quand il faut agir vostre Esprit delibere.
Vous pouvez augmenter la gloire de Cesar,
Atacher de vos mains un esclave à son Char,
Affermir son Empire avec un coup d'espée,
Et luy sauver la vie en l'ostant à Pompée,
Et vous ne voulez pas escouter la raison?*

PTOLOMEE

Helas! dictes plustost faire une trahison.
Ouy Madame, il est vray dans ceste conjoncture,
Deux divers ennemis me donnent la torture,
Un desir vertueux s'empare de mon coeur,
L'attaque à force ouverte, & s'en rend le vainqueur,
Mais lors qu'il se resoult d'en faire le trophee,
Par un autre desir sa gloire est estouffée, [64]
Ce contraire aussi tost vient troubler son repos,
Le combat, le poursuit, le presse à tout propos,
Et ne luy donne pas le temps de se deffendre,
Ny mesme de resoudre auquel il se doibt rendre.
Ouy, je suis pour Pompée, & je veux toutefois
Oublier pour Cesar tout ce que je luy doibs,
Quoy qu'il vienne en ma Court eviter la tempeste,
Et chercher dans mes bras un azile à sa teste,
Il ne doibt esperer que d'y trouver la mort,
Et de faire naufrage en entrant dans le port.
La gloire de Cesar m'ordonne de le faire,
Je tiens en mon pouvoir son mortel adversaire,
Et je suis punissable en l'estat où je suis,
Sy je ne l'en delivre alors que je le puis.
Ah, tourment sans remede! Ah, fortune ennemie!
Noircirai-je mes jours d'une telle infamie?
Trahirai-je un amy, vivrai-je sans honneur?
Oublirai-je Cesar? perdrai-je mon bonheur?
Ne songerai-je point au bien de cette terre?
Y verrai-je allumer le flambeau de la guerre?
Pourai-je supporter tant de travaux divers?
Resisterai-je seul contre tout l'univers?
Pourai-je surmonter des conquerans si braves?

Me pourai-je empescher d'estre de leurs esclaves?
Et serai-je ennemy de Rome & de son Roy, [65]
Pour soustenir un Prince aussi foible que moy?

CLEOPATRE

Non, non, abandonnez ce qui vous importune,*
Seigneur, aimez Cesar, & craignez sa fortune,
Songez qu'il est puissant, qu'il le faut obliger,
Que vous estes fort foible, & qu'il se peut vanger.
Il n'est rien qu'il haisse à l'esgal de Pompée,
Faictes-luy le present de sa teste coupée;
Il n'est rien qu'il cherisse, & qu'il estime mieux,
Et ce coup vous doibt mettre avec luy dans les Cieux.

PTOLOMEE

Helas! rien n'est pareil au trouble de mon ame.
J'apprehende Cesar & j'ay peur d'estre infame,
Sans qu'il ait commandé, je luy veux obeyr;
Mais j'estime Pompée, & ne le puis trahir.
Il le faut toutefois. Ah, dure servitude!
Ah, grandeur! Ah, devoir! Ah, noire ingratitude!
Quoy? perdre cest amy? quoy? ne le pas sauver?
Quoy? le deffendre en vain, ne me pas conserver?
Me rendre l'ennemy de Cesar? & de Rome?
Oublier mes subjects, perdre tout pour un homme?
Voir tous mes biens pillés, voir mes pays deserts?
Et pour dernier malheur, mes enfans dans les fers?
Non, prevenons ce mal, mais quoy qu'il en advienne, [66]
Le puis-je prevenir sans qu'il ne me previenne?
Puisque la lascheté que je commets icy
Sera tousjours un mal plus grand que tous ceux-cy.
Non, je ne puis soufrir cette mortelle tache,
Je serois malheureux, si je me rendois lasche,
Et pour ne me voir point desormais malheureux,
Je veux estre aujourd'huy fidelle & genereux.

CLEOPATRE

Ah, Seigneur! rappellez vostre esprit qui s'emporte.
Sy vous voulez regner, agissez d'autre sorte,
Et ne redoutez point de conserver vos jours,
En perdant un amy que l'on perdroit tousjours.
Asseurez vos subjets, & vous & vos Provinces,
En gaignant l'amitié du plus puissant des Princes,

Et ne l'obligez pas à venir dedans peu
Porter dedans l'Egipte & le fer & le feu.
Car quand il le fera, qu'en pouvez-vous attendre?
Où rencontrerez-vous des Gens pour vous defendre?
Et contre un tel vainqueur serez-vous assez fort,
Pour eschaper enfin le servage ou la Mort?

PTOLOMEE

Helas! c'est ce qui faict que je vous rends les armes.
Je ne sçay qui je suis, jugez-le par mes larmes, [67]
Ah Dieux! que j'ay de peine à faire cest effort.

CLEOPATRE

Sans vous troubler ainsi, concluez cette Mort.

PTOLOMEE

Helas! avec raison je ne la puis conclure.
Voyez ce qu'il m'escrit.

CLEOPATRE

Mais

PTOLOMEE

Je vous en conjure.

A PTOLOMEE ROY D'EGIPTE

Apres avoir vaincu le Demon de la guerre,
Rangé dessous mes loix la moitié de la terre,
Et monté mille fois au temple de l'honneur,
Enfin je suis reduit en un sort si funeste,
Que je tiens maintenant pour mon plus grand bon-heur
L'Esperance que j'ay qu'un seul amy me reste.

Poursuivy de Cesar, & battu de l'orage,
J'attends seul aujourd'huy dessus vostre rivage,
Le refuge asseuré que vous m'avez promis.
Lors que je le pouvois, je vous ay faict paroistre
De quel air il falloit obliger ses amis;
Lors que vous le pouvez, faictes-le-moy cognoistre.
Pompée.

PTOLOMEE

Hé bien, comment le voir apres un tel discours?

CLEOPATRE

Il ne faut point le voir pour abreger ses jours,
Il ne faut qu'envoyer des gens sur le rivage,
Qui le remarqueront aux traits de son visage,
Et l'ayant remarqué le frapperont d'abord
Sans luy donner le temps de songer à la Mort.

PTOLOMEE

Achille, faictes tout avec beaucoup d'adresse,

(Il luy parle à l'oreille)

On m'y force, on le veut.

CLEOPATRE [69]

Quittez ceste tristesse.

PTOLOMEE

Vous-mesme laissez-moy dans ce facheux estat,
Je donne mon repos au salut de l'Estat.*

CLEOPATRE *en se retirant*

Je vous obeiray.

SCENE III.

PTOLOMEE, *seul*

Que fais-tu, Ptolomée?*
Songe aux Dieux, songe à toy, songe à ta renomée,
En ce douteux estat quel chemin tiendras-tu?
Chasse de ton esprit la crainte ou la vertu,
Sois pour l'un ou pour l'autre, & grave en ta memoire,
L'image de la honte, ou celle de la gloire,

Qu'un de ces deux tyrans te rende bien heureux,
Suis le vice ou l'honneur, sois lache ou genereux, [70]
Et ne te mesle plus d'acorder deux contraires,
Ny de tenir toy seul contre deux adversaires,
Achepte ton repos par une lacheté,
Ferme les yeux à tout & fais en vanité,
Qu'un genereux mespris de ce qu'on pourra dire
Ne trouble point le calme où ton esprit aspire,
Et pourveu que tu sois dans la prosperité,
Laisse parler le peuple avecque liberté.
C'est un monstre ignorant qui reigle son estime,
Tantost par le merite, & tantost par le crime;
Qui change à tout propos & se mesprend au point
De croire merveilleux ce qu'il ne cognoist point.
Il veut parler de tout, juger de toute chose,
Blasmer un souverain & deffendre sa cause,
Observer ses desseins, censurer son pouvoir
Et sortir bien souvent des termes du devoir,
Sa partialité luy faict changer de forme,
Rend sa presomption d'une grandeur Enorme,
Et l'attache si fort à son propre interest
Que parce qu'il condamne, on juge ce qu'il est.
Tousjours son interest luy faict ouvrir la bouche,
Moings en tout ce qu'il doibt qu'en tout ce qui le touche,
Aussi les Potentats le doivent regarder
Comme un traistre Animal qu'ils doivent gourmander.
Laissons-le donc crier, qu'il blasme ma personne,* [71]
Le blasme n'en sçauroit venir jusqu'à mon throsne.
Les terrestres vapeurs que produisent ces lieux
Ne peuvent s'eslever jusqu'au feste des Cieux,
Ce sont des regions au dessous des orages,
De qui nos trônes sont de vivantes images,
Alors que nous tenons le Sceptre dans les mains,
On ne nous compte plus au nombre des humains,
Toutes nos actions sont au dessus des crimes,
Et telles qu'elles soient, elles sont legitimes.
Bravons donc cette peur qui nous vouloit saisir,
Abandonnons la gloire, & suivons le plaisir.
Esloignons de chez nous un Prince miserable,
Qui nous accableroit sous l'ennuy qui l'accable,
Estouffons ces respects que donne l'amitié,
Ces tendres sentiments qu'inspire la pitié,
Ces remords devorants, cette crainte du blasme,
Ces contraires facheux qui partagent mon ame,
Et prenant sans regret le party qui nous plaist,
Ne considerons rien comme nostre interest,

Oublions un amy. Mais, discours temeraire!
Pour vouloir l'oublier, je ne le sçaurois faire.
J'en porte dans mon coeur un celeste tableau
Qui ne peut s'effacer que dedans le tombeau.
Quoy que je delibere en ma douleur extresme,
Je ne le perdray point qu'en me perdant moy-mesme.
Et je suis asseuré qu'un remords Eternel [72]
Rongera sans repos mon esprit criminel.
Qu'il vive donc, qu'il vive, & quoy qu'il en advienne,
Hazardons nostre vie en deffendant la sienne,
Ne craignons point Cesar, & monstrons aujourd'huy
Que quiconque a du coeur peut estre autant que luy.
Mais pourquoy me flatter d'une vaine apparence?
Mais pourquoy rejetter une juste esperance?
Quoy qu'il en soit, au moins nous aurons le bonheur
De terminer nos jours dedans le lict d'honneur.
Ozons: helas! que dis-je? Ah Ciel! faut-il que j'oze?
Contre un Roy que je crains & qui peut toute chose?
Quel sera mon espoir, où sera mon recours?
Mais helas! d'où procede un si lache discours?
Deffendons un amy, je ne le sçaurois faire,
Escoutons la raison, la raison m'est contraire,
Faisons teste à Cesar, Ah! craignons sa fureur;
Mais ô Dieux! je retourne en ma premiere erreur.
Pour chaque sentiment je change de pensee,
Entre deux mouvements mon ame est balancée.
Mais je veux maintenant par un dernier effort*
Arracher un amy des prisons de la Mort.

SCENE IV [73]

PTOLOMEE, LEPIDE.

PTOLOMEE *tout transporté*

Envoyons..... ô Lepide, allez sur le rivage.*

LEPIDE

Sire...

PTOLOMEE

Obeissez donc, sans tarder davantage.

LEPIDE

Mais Sire

PTOLOMEE

Mais courrez, ne me repliquez point.

LEPIDE

Encor...

PTOLOMEE

Ceste longueur me fache au dernier point.
Courez viste, vous dis-je, & craignez ma disgrace.

LEPIDE [74]

Sire, dictes-moy donc ce qu'il faut que je fasse.

PTOLOMEE

Ah justes Dieux! je suis tellement hors de moy,
Que je l'envoyois là sans luy dire pourquoy.
Va t'en trouver Achille, & dis-luy qu'il se garde
De rien executer en ce qui me regarde,
Et pour luy faire avoir plus de creance en toy,
Donne-luy cette Bague, il sçait qu'elle est de moy,*
Mais Dieux! s'il s'en doutoit, mon mal seroit extresme.
Non, Lepide, reviens, j'y veux aller moy-mesme.

SCENE V [75]

CESAR, BRUTE *& plusieurs Capitaines.*

CESAR

Enfin je l'ay vaincu ce brave conquerant,
On ne le verra plus comme un fameux torent,
Rompre ce qui vouloit s'opposer à sa course.
J'ay dissipé sa force, en tarissant sa source,
Et je l'ay mis sy bas, qu'on cognoist aujourd'huy
Qu'il n'est rien soubs le Ciel de si foible que luy,

Ce coup fera trembler un million de Princes,
Me rendra redoutable en toutes ces Provinces,
Et mettra mon estime en un si haut degré,
Que je puis esperer de me voir adoré,
Je tenois sous mes lois la Gaulle & l'Allemagne,
J'y tiens à ce moment l'Italie & l'Espagne,
Et signalant mon nom par mille exploits divers,
J'espere que dans peu j'y tiendrai l'univers.
Ah Pompée! aujourd'huy, frappe du pied la terre, [76]
Pour voir s'il en naistra cent mille hommes de guerre,
Mais non, tous tes efforts te seroient superflus,
J'ay ce qu'avoit la terre & ce que tu n'as plus.*
Ta gloire est pour jamais morte dans l'Italie,
Par l'esclat de la mienne elle est ensevelie,
Et ta cheute, estonnant les plus fiers des humains,
Fera tirer mon Char par des Aigles Romains.
Je te plains toutefois, ta disgrace me fasche,
Mais t'ayant espargné, j'aurois passé pour lasche,
Puis qu'ayant refusé mes articles de paix,
Par là tu m'obligeois de n'en parler jamais.
Brute, qui sont ces gens?

SCENE VI*

CESAR, BRUTE, PINDARE
& plusieurs autres Princes

BRUTE

Sire, ce sont des Princes,
Qui viennent vous offrir leurs biens & leurs Provinces.

PINDARE [77]

Ouy, Sire, nous venons embrasser vos genoux,
Vous offrir nos Soldats, & nous donner à vous.

CESAR

Pour n'estre point ingrat à ces faveurs extremes,*
Je vous rends tous vos biens & vous donne à vous mesmes.
Je ne vous tiendray point au rang de mes subjets,
Vous serez seulement tesmoings de mes projets,
Et je n'exerceray vos valleurs infinies,

Qu'à chasser de chez vous toutes les tyrannies,
Sy bien qu'en secondant les efforts de mes coups,
En travaillant pour moy, vous agirez pour vous,
A l'exemple des Dieux, je me sers du tonnerre.
Ce n'est qu'au vicieux à qui je fais la guerre,*
Et ce bon sentiment ne me quittant jamais,
Je ne la fais en fin que pour avoir la paix,
Vous le recognoistrez ..... Mais que veut Ptolomée?

SCENE VII* [78]

CESAR, BRUTE, PINDARE *leur suitte*, PTOLOMEE

PTOLOMEE

A croistre la grandeur de vostre renommée,
Vous apprendre un bon heur que vous n'attendiez point.

CESAR

Vous m'obligez tousjours jusques au dernier point.
Mais quel est ce bonheur?

PTOLOMEE

Il vous comble de gloire,
Vous rend d'intelligence avecque la victoire,
Et vous donnant des biens plus que je n'en promets,
Vous fera sans effort tout vaincre desormais.

CESAR

Expliquez ce discours, je n'y puis rien comprendre.

PTOLOMEE [79]

Sans me faire expliquer, vous me pouvez entendre,
Songez au plus grand bien qui vous puisse arriver,
Tant pour vous agrandir que pour vous conserver.

CESAR

Hé quoy? Rome veut-elle adorer ma puissance
Et ranger le Senat sous mon obeissance?

PTOLOMEE

Non, c'est un plus grand bien.

CESAR

Un plus grand, justes Dieux!
Quand l'aurai-je?

PTOLOMEE

Dans peu.

CESAR

Mais où?

PTOLOMEE

Dedans ces lieux.

CESAR

C'est un bonheur d'amour, ou mon ame est trompée.

PTOLOMEE [80]

Non, c'est.....

CESAR

Dis promptement.

PTOLOMEE

La teste de Pompée.

CESAR *estant estonné.*

La teste de Pompée!

PTOLOMEE *voyant arriver Achille qui apporte la teste & voulant tirer Cesar de doute.*

Ouy, Seigneur, la voicy;
Mes gens, qui me suivoient, vous l'apportent icy,

Et vous recognoistrez si je suis veritable,
(Il dit bas ce vers)
Ce bonheur est si grand, qu'il luy semble incroyable.

CESAR

La teste de Pompée?

PTOLOMEE

Ouy, rappellez vos sens.
Pour faire un si grand coup j'ay douté fort longtemps,
Et je ne celle point que malgré vostre gloire,
J'avois peine à commettre une action si noire.
Que mesme j'ay voulu changer de volonté, [81]
Quand par bonheur mon ordre estoit executé,
Et par ces mouvements je vous ay fait connoistre
Les peines où j'estois, faisant un coup de traistre,
Et l'ardeur que j'avois de me perdre pour vous:
Mais vous ne dites mot, ce bien est-il trop doux,
Vous ay-je trop surpris?

CESAR *ne luy respondant point.*

La teste de Pompée!

PTOLOMEE
(Il luy montre la teste de Pompée)

Voyez, n'en doutez plus.

CESAR A PTOLOMEE

Quoy? sa trame est coupée!
Et ce brave guerrier pour comble de malheur,
N'estoit pas immortel avec tant de valeur?
Ah! s'il devoit perir, c'estoit dans les batailles,
Où la gloire elle-mesme eust faict ses funerailles,
Où l'on eust veu Bellonne amasser des lauriers,
Pour en faire un bucher à ce Dieu des Guerriers,
Où tous les gens de coeur conduits par la victoire
Eussent porté son corps au temple de memoire,
Où l'on eust veu l'honneur environné de deuil
Mettre avec ce Heros la valleur au Cercueil,
Où la mort elle-mesme, en pleurant ce Monarque,
Eust Blasmé sa rigueur & celle de la Parque,

Monstrant qu'avec regret dans cette extremité, [82]
Elle suivoit les loix de la fatalité.

PTOLOMEE *bas osté le mot de Seigneur*

Dieux! croirai-je mes yeux dedans cette occurence?
Qui le flatte, l'aigrit, & qui le sert, l'offense,
Mais il se remettra ...... Seigneur.

CESAR

Ne parle point.
Ah! mon afliction va jusqu'au dernier point.
Ouy, certes, je le dis, une si belle vie
D'une plus belle fin devoit estre suivie.
Je plains cest ennemy, malheureux comme il est.
Et l'ayant rendu tel, mon bonheur me desplaist,
Apres avoir passé pour un foudre de la Guerre,
S'estre faict redouter aux deux bouts de la terre,
Et franchy mille fois les plus fameux hazards,
Il ne devoit mourir que par les mains de Mars.
Ce Dieu, le regardant avec un oeil d'envie,
Devoit seul attaquer une si belle vie,
Et monstrer en domptant ce guerrier immortel,
Que ce n'estoit que luy, qui l'avoit rendu tel.

PTOLOMEE

Helas!

CESAR

Pour un tel coup tout autre estoit indigne,
Un Dieu seul meritoit cét advantage insigne,
Et je m'estimerois plus que Mars aujourd'huy, [83]
Sy j'avois triomphé d'un homme comme luy,
Ah! Guerrier estimé sur la terre & sur l'onde,
Illustre Conquerant, tu n'es donc plus au monde,
Et ta rare valleur t'arachant de ces lieux,
Te va dedans le Ciel faire des envieux!
Quoy? tes yeux pour jamais sont privés de lumiere?
Quoy? ce grand coeur s'arreste au bout de sa carriere?
Ce corps si respecté n'est qu'un tronc sans couleur,
Privé de sentiment, de sang & de chaleur?
Et ce bras qui lançoit un foudroyant tonnerre,
N'a plus de mouvement, & rampe sur la terre.

(On luy veut oster la teste de Pompée)

Ah! je suis possedé d'un courroux violent,
Ne me destournez point ce spectacle sanglant,
Ah! Cesar, Ah! Cesar, apres un tel outrage,
Abandonne la Guerre & renonce au courage;
Non, ce n'est plus à toy de deffier le sort,
D'attaquer la fortune & de braver la mort.
Tu te dois rendre sage apres de tels exemples,
Et craindre pour toy-mesme un mal que tu contemples.
Puis que les demydieux peuvent perir ainsi.
Pour ne te perdre pas, crains de perir aussi.
Et puis qu'un point d'honneur, que nous tenons pour maistre,
N'est qu'un enfant ingrat à qui nous donnons l'estre, [84]
Ne t'efforce donc plus de le faire admirer,
Et fais que l'on l'abhore, au lieu de l'adorer.
Mais hellas! je succombe à ces vives allarmes,
Mon coeur est tout esmu, je me sens fondre en larmes,
Et quel instinct secret que je ne puis nommer,
Me colle à cette bouche à fin de l'animer.
Ah! Pompée.

PTOLOMEE

Ah! Seigneur.

CESAR

Ah! Prince ingrat & traistre,
Apres ceste action ozes-tu bien paroistre?
Va plustost dans l'horreur d'une obscure prison
Y recevoir le prix de cette trahison.
Un injuste bonheur te donne des Provinces,
Te fist monter en serf sur le trône des Princes,
Et le Ciel le permit, & ne t'y vit monter,
Qu'à dessein seulement de t'en precipiter:
Voy ce sang tout glacé qui couvre ce visage.
Regarde-le, cruel, puis que c'est ton ouvrage.
Ne baisse point les yeux, approche, approche-toy,
Prince ingrat & sans coeur, homme lasche & sans foy,
Barbare, frappe encor cette adorable teste, [85]
Sa foiblesse l'expose aux coups de la tempeste,
Elle est morte, elle est morte, & la lascheté veut
Que l'on fasse un outrage alors que l'on le peut,

Var: v.1247 : Un injuste bonheur te donna des Provinces, Q 48

Qu'on use du pouvoir que l'avantage donne,
Que l'on soit inhumain quand on ne craint personne,
Et qu'on frappe celuy qui ne se peut vanger;
Fais donc, ta trahison te met hors de danger,
Ne crains rien, mais plustost en ce malheur extresme,
Viens adorer celuy que j'adore moy-mesme,
Ce celebre Heros qui rangea sous ses lois,
Tigrane, Aristobule, & cinquante autres Roys,
Qui dedans sa jeunesse a reconquis l'Afrique,
Rendu presque Romain l'Occean Atlanthique,
Qui dompta la Sirie, & les Albaniens,
Le Pont & la Colchide, & les Armeniens,
Qui vainquit Yarbas, effraya Mitridate,
Et defit tous les siens sur le bord de l'Eufrate,
En fin pour dire mieux, viens adorer celuy
Qui fust tout autre fois, qui n'est rien aujourd'huy,
Et qui par son courage, & par sa courtoisie,
A surmonté l'Europe, & l'Afrique, & l'Asie,
Mais non, ne me crois point, Barbare, arreste-toy,
Garde de l'approcher, esloigne-toy de moy.
Mais sans perdre le temps en des paroles vaines, [86]
Qu'on prenne ces meschans, qu'on les couvre de chaisnes,*
Et que leurs jours au plus soient bornés d'un matin;
Pour toy, je t'abandonne à ton mauvais destin,
Et je te laisse icy dans l'horreur des tenebres,
Pour suivre encor ce chef dans ces pompes funebres.

SCENE VIII.

PTOLOMEE *seul.*

Accablé de douleur, de misere, & d'ennuy,
Ce Prince m'abandonne & tout faict comme luy.
Pour comble de malheur en ce desordre extresme,
Tout m'estant odieux, je le suis à moy mesme,
Contre mes sentiments mon coeur est revolté,
Mon esprit est ligué contre ma volonté,
Mes desirs sont d'accord avec mon infortune.
Tout me choque, me nuit, m'afflige & m'importune,*
Et restant sans vertu, sans force, & sans pouvoir,
Je cherche du repos & je n'en puis avoir.
Malheureux, qu'ai-je faict? juste Ciel, que ferai-je? [87]
Quel conseil dois-je prendre? & quel chemin tiendrai-je?
Mais pourquoy balancer en ce present effort,

Le conseil le plus seur est d'aller à la mort,
Puisqu'alors qu'il s'agit de chastier un crime,
Un noble desespoir est tousjours legitime;
Prenons donc ce conseil & suivant ce dessein,
Faisons naistre aujourd'huy des fureurs dans mon sein;
(Il met la main à l'espée)
Sus mon bras, prends ce fer & termine ma vie,
La Justice le veut, la raison t'y convie,
L'honneur te le commande, & je le veux aussi.
(Le bras & la main luy tremblent)
Mais, juste Ciel! d'où vient que tu trembles ainsi?
As-tu donc peur de faire un acte de justice?
As-tu pris avec moy tant d'habitude au vice,
Que tu ne puisses pas, suivant ma passion,
Faire, quand je le veux, une bonne action?
Efforce, efforce-toy, mais en vain je l'essaye,
L'esprit, qui le conduit, est timide & s'effraye,
Lache de sa nature, un rien le peut troubler,
Et pressé de la peur il ne fait que trembler.
Mon coeur, renonçons donc à ce bonheur insigne,
Abandonnons ce fer puisque j'en suis indigne,
Et le cassant icy d'un transport furieux,
Laissons cette vengeance entre les mains des Dieux.
(Il casse son espée.)
Pour punir mon forfait, que le couroux celeste [88]
Fasse en sorte aujourd'huy que tout me soit funeste,
Que je voye dans peu mes pays desolés,
Tous mes tresors pillés & mes Palais bruslés,
Que mes meilleurs subjets desormais me haissent,
Que pour comble de maux mes enfans me trahissent,
Qu'un barbare estranger par cette trahison
Me jette dans les fers & me traisne en prison:
Qu'apres avoir servy de but à sa malice,
Que de cette prison il me meine au suplice,
Ou plustost que le Ciel me donne mille morts,
En me faisant avoir mille sanglants remords;
Que dedans mon esprit des bourreaux invisibles
M'affligent en tous temps de visions horribles;
Que cent monstres affreux aussi cruels que moy,
Jusqu'au dernier souspir me donnent de l'effroy,
Et que dans peu de temps on voye en cette terre
Regner & la famine, & la peste, & la guerre,
Que les gens de Pompée estant joints à son fils
Y viennent s'y venger du tort que je luy fis,
Que pour dernier malheur Cleopatre encheisnée
Soit un jour par Cesar en triomphe menée,

Et que mon sort apprenne à la posterité,
Que le Ciel ne hait rien comme la lascheté.

Fin du troisiesme Acte.

ARGUMENT [89]

DU QUATRIESME ACTE.

Statira, voyant la defaicte de son pere Darie, consulte avec Oroondate, par quels moyens elle pourra le soustraire à la fureur d'Alexandre. 2. Berenice sa soeur vient l'advertir avec Harmin que l'on attend Alexandre, & qu'il se faut preparer de le recevoir. 3. Alexandre paroist, & remarquant la beauté de Statira, en devient fortement amoureux, & treuvant moyen de l'entretenir seule, luy declare sa passion, mais ne treuvant en elle que de la froideur, il passe de l'amour à des sentimens de colere, & luy representant les choses qu'il pouvoit, il charge Oroondate qu'il croit son Escuyer de luy faire sçavoir quels advantages il tireroit de cette reflexion, & la laisse avec luy. 4. Oroondate conseille à Statira de ne point flatter Alexandre, & promet que de quelque malheur dont elle soit menacée, il sçaura la garantir. 5. Alexandre revient dans l'inquietude que luy donne sa passion, & fasché d'avoir quitté Statira, se resoult de l'aller treuver. 6. Oroondate comme Escuyer de Statira aporte à Alexandre la responce de sa maistresse, & voyant qu'il vouloit s'emanciper à la violence, & passer jusques aux dernieres extremités, il tasche par [90] ses raisons de moderer cette fureur, & n'ayant pû venir à bout de son dessein, veut lever le masque, & declarer qu'il estoit Prince de Perse, & qu'il aimoit Statira, mais Alexandre ne luy donnant pas le temps de s'expliquer, & prenant ces discours pour la saillie de l'affection d'un serviteur fidelle, zellé pour l'honneur de la maison de son Maistre luy pardonne, & croit qu'il offenceroit sa grandeur s'il craignoit les menaces d'un esclave, il se rit de sa collere, & ne luy donne pour punition que le commandement de se taire. 7. Statira estant venue par le commandement d'Alexandre ne peut exprimer sa douleur que par ses larmes, & tirant un poignard tesmoigne qu'elle prefere tousjours l'honneur à la vie, ceste derniere action touche de sorte Alexandre, qu'il rappelle alors son courage, & laissant à l'affection d'Oroondate le bien qu'il se promettoit, il se confesse vaincu par les charmes & par la vertu de ceste divine Princesse.

ACTE IV* [91]

SCENE PREMIERE.

LE PRINCE, LE GOUVERNEUR.

LE PRINCE.

Ouy, je recognois bien que la gloire des Princes,
N'est pas de commander à beaucoup de Provinces,
Et qu'il vaut beaucoup mieux qu'ils comptent leurs vertus,
Qu'un grand nombre de rois sous leurs pieds abattus,
Je sçay que ce pouvoir qui les faict redoutables,
N'est pas ce qui tousjours les rend considerables,
Et je cognois enfin que la posterité
Peise leurs actions plus que leur qualité.

LE GOUVERNEUR

Ceste reflexion partant d'une Ame sage,
M'oblige d'en monstrer encor davantage,
Et de continuer ces divertissements, [92]
Puisqu'ils t'ont inspiré ces doctes sentiments.

LE PRINCE

Hé, de Grace.

LE GOUVERNEUR

Il suffit, j'accorde ta priere.
Ouy,ouy, je te veux faire une faveur entiere,
Et sans me reposer, te monstrer maintenant,
Qu'un Prince Genereux doit estre continent,*
Dompter ses passions par une force Extresme,
Gourmander ses desirs, & se vaincre soy-mesme,
Et ne point rechercher des biens voluptueux,
Qui luy peuvent offrir ceux qui sont vertueux.
Mais je t'en vais monstrer un exemple notable,
Dedans les actions d'un Monarque adorable,
Qui renvoya l'objet qui l'avoit sceu charmer,
Quoy qu'il put aisement le contraindre à l'aimer,
Et par cette action merita plus de gloire,
Qu'il n'en avoit acquis en gaignant la victoire,
Mais voyant ce tableau, tasche de l'imiter,
Et pour me recognoistre, & pour en profiter.

SCENE II [93]

OROONDATE, STATIRA

OROONDATE

Madame, vous pouvez par un trait de vos charmes
Triompher d'Alexandre.

STATIRA

Il n'aura donc point d'armes.

OROONDATE

Tout puissant comme il est, vous le captiverez.

STATIRA

Je ne l'espereray.....

OROONDATE

Que quand vous le verrez.
Il est foible.

STATIRA

Il est Prince.

OROONDATE

Il est jeune.

STATIRA

Il est sage.

OROONDATE [94]

Il s'esmeut aisement.

STATIRA

Mais il a du courage,
Et ne fera jamais une infame action.

OROONDATE

Il meritera donc vostre inclination.
Aussi je crois qu'enfin vous aimez Alexandre.

STATIRA

Ah! finis ce discours, je ne le puis entendre.
Prince, tu cognoistras quand je luy parleray,
Sy j'esteindray sa flame, ou si je brusleray.
Tu seras le tesmoing de mon indiference.

OROONDATE

Il me faudra, Madame, eviter sa presence.

STATIRA

Non, mon esprit adroit a conçu des moyens
Pour te faire assister à tous nos entretiens,
Pour te sauver l'honneur, & les biens, & la vie,
Et pour faire que tout succede à ton envie.
Mais je ne sçay pourtant si ce moyen te plaist.

OROONDATE [95]

Je l'appreuve desja sans sçavoir quel il est.

STATIRA

C'est de cacher ton nom, & le tiltre de Prince,
Sous celuy d'un Seigneur.

OROONDATE

D'où?

STATIRA

De cette Province,
Et de passer icy comme mon escuyer.
Ce mot est un affront qu'il te faut essuyer,
Ou tu te dois resoudre à me voir miserable.

OROONDATE

Cest affront est charmant, comme il est honorable.

STATIRA

Mais tu t'abaisseras au point de me servir.

OROONDATE

C'est ce que je craignois qu'on me voulût ravir.

STATIRA

Estre mon Escuyer!

OROONDATE [96]

O l'avantage insigne!

STATIRA

On ne le croira pas.

OROONDATE

Non, car j'en suis indigne.

STATIRA

Au moins je te verray tousjours avecque moy,
Et tu m'assisteras à mespriser le Roy.

SCENE III*

BERENICE, STATIRA, OROONDATE, HARMIN

BERENICE

Ma soeur, il faut aller recevoir Alexandre,
Ses trompettes desja se font par tout entendre,
Ma mere estant malade, & ne le pouvant voir,
Vous commande avec moy de le bien recevoir,
Aussi tost qu'elle apprît la perte de Darie,

Elle se transporta d'une telle furie,
Et la douleur sur elle agit si puissamment, [97]
Qu'elle s'esvanouit, perdit le sentiment,
Et fut assez longtemps en cest estat funeste;
Mais allons, en marchant je vous diray le reste,
Voicy le sage Harmin qui nous assistera.*

STATIRA

Et ce Prince vaillant qui nous y conduira,
Pour nous rendre un service il cache sa naissance,
Se faict nostre Escuyer.

BERENICE

C'est trop de complaisance,
Prince, pour vous servir je feray mon pouvoir.

OROONDATE

Et pour m'en ressentir je feray mon devoir.

BERENICE

Mais d'où vient ce grand bruit?

OROONDATE

C'est ce jeune Monarque.*

SCENE IV* [98]

ALEXANDRE, CLITE, AMINTAS, BERENICE, STATIRA, OROONDATE,
& toute la troupe d'Alexandre.

ALEXANDRE *en voyant les filles de Darie.*

Leur grace & leur beauté fait que je les remarque,
Allez, posez ma garde en cest apartement,
Clite, & vous Amintas, demeurez seulement.
(Berenice se jette à ses pieds)
Je ne vous puis souffrir en l'estat où vous estes,
Madame, levez-vous, voyez ce que vous faites.

BERENICE

Ah! Seigneur, s'il vous plaist, accordez-nous ce point.

ALEXANDRE

Sy vous ne vous levez, je ne parleray point.

(Elle se leve)

STATIRA *se levant*

Nous vous obeissons.

ALEXANDRE [99]

Adorable Princesse,
Je ne blasmeray point cette juste tristesse,
J'appreuve vos douleurs quand vous pleurez ainsi,
D'autant plus librement que je vous pleure aussi.
Ouy, mon coeur s'interesse au malheur que je cause,
Je vous donne des pleurs, ne pouvant autre chose,
Je voudrois dans vos maux vous pouvoir consoler,
Mais les ayant causés, je n'en oze parler,
Outre que je croirois avoir mauvaise Grace,
En vous rafraichissant une sanglante trace,
Et vous representant un nombre de malheurs,
Qui ne feroient encor qu'acroistre vos douleurs,
Veuillez donc moderer cette crainte excessive,
Je suis bien plus captif, que vous n'estes captive,
Mes plaisirs sont troublés, les vostres seront purs,
Vos travaux sont passés, & les miens sont futurs.

BERENICE

Ce ne seroit pas vaincre, ô! Seigneur que j'adore,
Sy par vostre bonté vous ne vainquiez encore,
Je n'esperois pas moins de ce coeur genereux,
Je sçay que vous plaignez le sort des Malheureux,
Et que vous consolez celuy qu'on desespere.

ALEXANDRE [100]

Mais où peut estre donc la Reyne vostre Mere?

BERENICE

Ah! Seigneur la douleur l'afflige tellement,
Qu'elle n'a pû sortir de son appartement.

ALEXANDRE

Hé bien, je l'y vais voir, toutefois ma presence
L'afligeroit encor par quelque violence.
Clite, va la trouver, & donne luy ma foy
Qu'elle peut esperer toute chose de moy,
Madame, de ma part, vous l'y pouvez conduire.

SCENE V [101]

ALEXANDRE, STATIRA, OROONDATE.

ALEXANDRE

A present je suis libre, & rien ne me peut nuire,
Mais treuverez-vous bon que j'apprenne de vous,
Quel est cest estranger qui s'approche de nous?

STATIRA

Seigneur, comme Escuyer il m'a tousjours servie,
Veuillez donc m'accorder la grace de sa vie.

ALEXANDRE

Qui pretend tout de vous, vous doit tout accorder.
Mais, madame, son nom, l'ozé-je demander?

STATIRA

Il s'appelle, Seigneur....

OROONDATE [102]

Helas! que dira-t'elle?
Il faut la prevenir.

ALEXANDRE

Comment donc?

STATIRA

Il s'appelle.....

OROONDATE *en se jettant aux pieds du Roy*

Oroonte, grand Roy.

ALEXANDRE

Va, pour ceste beauté,
Je te donne la vie avec la liberté,
Sers-la fidellement.

OROONDATE

J'y ferai mon possible.

ALEXANDRE

Pour ne la servir pas, il faut estre insensible;
Ses yeux lancent des traits si puissants & si doux,
Qu'il n'est rien d'assez fort pour en parer les coups,
Aussitost qu'on les voit, on ne s'en peut deffendre,
Bien loing d'y resister, la gloire est à se rendre,
Et dedans sa deffaicte on se doit croire heureux, [103]
S'ils regardent les coups que l'on a receu d'eux;
Ils jettent à la fois mille rayons de flame,
Et mille doux esclairs qui percent jusqu'en l'ame,
Qui surprennent le coeur, qui troublent la raison,
Font couler dans le sang un amoureux poison,
Qui fait que l'on languit, qu'on souspire, & qu'on tremble,
Et qu'on ressent enfin mille douleurs ensemble.
Ah! je l'espreuve bien en cest heureux moment,
Je sens en vous voyant un aimable tourment,
Le coeur me bat au sein, & mon esprit se trouble,
Plus je vous veux parler, plus ma crainte redouble;
Je ne puis deviner d'où vient cette terreur,
J'ay beau vous regarder pour me tirer d'erreur,

Var: v.1465 : Oroondate, grand roy.

Car je ne puis cognoistre estant hors de moy-mesme,
Que je sens tous ces maux par ce que je vous aime.
De quoy serviroit donc de vous dissimuler
La naissance d'un feu dont je me sens brusler?
La douleur qui me presse a trop de violence,*
Pour ne pas m'obliger à rompre le silence,
Et pour ne pas chercher un prompt alegement
A ce mal violent qui naist si promptement.
Ah! beaux yeux, beaux vainqueurs, dont j'adore les charmes!
Vous arrachez de moy des souspirs & des larmes,
Vous m'ostez le repos que je vous ay donné,
Vous sechez les lauriers dont je suis couronné, [104]
Et vos feux en bruslant d'une force excessive,
Font un vainqueur captif, de sa propre captive.
Captive, ah! qu'ai-je dit? je m'abuse en ce poinct,
Non, divine beauté, vous ne la fustes point.
Au contraire l'amour n'ayant peu le permettre,
Me mit dans la prison où je voulois vous mettre,
Et me donna les fers que je vous preparois;
Voyez donc à vos pieds, le plus puissant des Rois,
Soulagez ses douleurs, l'honneur vous le commande,
Je vous donnay la vie & je vous la demande.

OROONDATE *bas.*

Nous verrons maintenant l'amour qu'elle a pour nous.

STATIRA

Vous vous abaissez trop, grand Prince, levez-vous.

ALEXANDRE

Je fais ce que je dois.

STATIRA

Vous me rendez confuse.
Levez-vous.

ALEXANDRE

Ah! songez que l'amour m'en excuse.

STATIRA

Ah! grand Prince.

ALEXANDRE [105]

Ah! Madame, en l'estat où je suis,
Soulagez mes douleurs.

STATIRA

Levez-vous, je ne puis.

ALEXANDRE

Hé quoy? me verrez-vous avec indiference?

STATIRA

Ouy, car je ne dois point vous donner d'esperance.

ALEXANDRE

Dieux! pour quelle raison?

STATIRA

L'honneur me le deffend.

ALEXANDRE

Mais mon amour le veut.

STATIRA

L'amour n'est qu'un Enfant,
Dont on ne doit jamais escouter les maximes.

ALEXANDRE

Lorsque l'on suit ses lois.

STATIRA [106]

On commet mille Crimes.

ALEXANDRE

Hé quoy? faudra-t'il donc me resoudre à mourir?

STATIRA

Ouy, si ce n'est que moy qui vous puisse guerir.

ALEXANDRE

Belle ingrate.

STATIRA

Ah! grand Roy.

ALEXANDRE

Serez-vous insensible?

STATIRA

Estouffez cest amour.

ALEXANDRE

Vous voulez l'impossible.

Gardez d'y resister.

STATIRA

Gardez d'estre abatu.

ALEXANDRE [107]

Je suis un Dieu puissant.

STATIRA

Moy, je suis la vertu.

ALEXANDRE

Monstrez vostre pitié.

STATIRA

Monstrez vostre courage.

ALEXANDRE

Changez de sentiment.

STATIRA

Vous, changez de langage.

ALEXANDRE

Quoy? tu seras cruelle & je n'obtiendray rien?
Mauvaise, en me fuyant me recognois-tu bien?
Sçais-tu qu'il m'est aisé d'user de ma puissance?
Que le Ciel te soubmet à mon obeissance?
Que je puis rabaisser cest orgueilleux esprit,
Et venger sur les tiens ce mespris qui m'aigrit?

STATIRA [108]

Sire, vous pouvez tout, mais je ne sçaurois croire
Que vous puissiez commettre une action si noire,
Et que vous oubliez le Nom que vous portez,
Pour suivre aveuglement d'infames voluptez;
Je ne puis concevoir qu'un Monarque si sage
De qui toute la terre adore le courage,
Et de qui chacun sçait l'esprit & la bonté,
Soit pour moy seulement sans generosité;
Ouy, l'on vous recognoist courtois, discret, affable,
Modeste, vertueux, vaillant, & raisonnable,
Obligeant, liberal, juste & clement, pieux,
Continent & zellé pour l'honneur de nos Dieux;
Voudriez-vous pour moy ternir ces belles marques,
Et perdre icy le nom du plus grand des Monarques?
Je disois mille fois, avant que de vous voir,
Je ne plains pas celuy qui tombe en son pouvoir,
Cest illustre vainqueur a tant de courtoisie,
Qu'il se rend aux douleurs dont une ame est saisie,
Qu'il excuse tousjours, quand il peut condamner,
Et que tout son plaisir n'est que de pardonner:
Ouy, quand je prevoyois les maux de cette Terre,
Sçachant que c'estoit vous qui nous faisoit la guerre,
Mon esprit en estoit rasseuré de moitié,

Et je me promettois de vous faire pitié.
Je disois que bien loing de nous donner des chaisnes,
Vous nous feriez traitter comme filles de Reynes, [109]
Que vous n'outragiez point quand on s'umilioit,
Et que vous vous rendiez quand on vous suplioit.
Dans cette opinion, de raison despourveue,
J'ay mille fois, Seigneur, souhaitté vostre veue,
Et creu que si mon pere avoit perdu son bien,
Et qu'il fust en vos mains, que je ne perdrois rien,
Mais helas! aujourd'huy j'espreuve à mon dommage,
Qu'en rendant un tresor vous voulez davantage,
Et me rendez un bien qui ne me peut toucher,
Pour m'en derober un, qui m'est cent fois plus cher.
Mais ne l'esperez pas, non Prince Magnanime,
Songez que je ne puis vous le donner sans crime,
Que l'honneur me deffend d'apreuver vostre amour,
Et que ce sentiment m'est plus cher que le jour;
C'est mon dernier souhait & ma derniere envie,
Chargez mes mains de fers, arrachez-moy la vie,
Mais sçachez que je sors du sang d'où vous sortez,
Et respectez en moy le nom que vous portez.

ALEXANDRE

Tous ces discours sont vains, j'ay besoin de remede,
Ingrate, efforce-toy de me donner de l'aide,
Je te donne en ce lieu du temps pour y prevoir,
Adieu, ton Escuyer me le fera sçavoir.

STATIRA [110]

Mon Escuyer?

OROONDATE *à l'escart*

Ah! Dieux, ma peine est sans pareille.

ALEXANDRE

Ouy, ouy, je te le laisse afin qu'il te conseille,
Et qu'il m'aprenne aprés si tu veux m'outrager.
Adieu, mais souviens-toy que je me veux vanger.

Var: v.1586 : Adieu, mais souviens-toy que je me peux vanger. Q 48

SCENE VI.

OROONDATE, STATIRA

STATIRA

Oroondate!

OROONDATE

Ah! Statira.

STATIRA

Helas! que dois-je faire?

OROONDATE

Reprenez l'esperance.

STATIRA [111]

Ou plustost son contraire.

OROONDATE

Non, Madame, escoutez ce que vous dit le Roy,
Regnez, contentez-vous, suivez-le, & fuyez-moy.*
Mais pourquoy vous tenir un discours si Barbare?
Pour me quitter ainsi, vostre esprit est trop rare,
Pour suivre ce conseil il est trop genereux,
Et moy, pour le donner, je suis trop Amoureux.

STATIRA

Helas! dans ce malheur que devons-nous resoudre?

OROONDATE

Il vous faut preparer à veoir tomber la foudre.
Au moins tant que j'auray mon espee au costé,
Vous la pourez attendre en toute seureté,
Dans cest orage affreux ne craignez rien, Madame,
Pour vous desobliger, il faut m'aracher l'ame,
Ma gloire est de me perdre, & de vous secourir,
Et tant que je vivray vous ne pouvez mourir.

Mandez donc hardiment à ce Prince invincible,
Qu'il souhaite de vous une chose impossible,
Que vous ne l'aymez point, que vous ne le pouvez,
Et que vous ne ferez que ce que vous devez. [112]
De plus, escrivez-luy que je vous le conseille,
Rendez, pour vous sauver, ma faute sans pareille,
S'il s'emporte à l'excés, lors je m'emporteray,
Et s'il est genereux, je le recognoistray;
Escrivez hardiment; je porteray la Lettre,
Avant que de sortir il me l'a fait promettre,
Peut-estre en luy parlant que je vous serviray.

STATIRA

He bien, viens donc songer à ce que j'escriray.

SCENE VII

ALEXANDRE *r'envoyant aigrement Clite.*

Ne m'importune point de toutes ces affaires,
J'ay maintenant des soings beaucoup plus necessaires,
Je ne sçaurois donner aucun ordre aujourd'huy,
L'homme le plus esclave est quelquefois à luy,
Et je tiendrois enfin mon infortune extrésme,
Sy je ne pouvois pas estre une heure à moy-mesme.
Va, ce que tu feras, je le tiendray bien faict, [113]
Amour, cruel Tyran, n'es-tu point satisfaict?
Tu tiens dessous tes lois un Monarque indomptable,
Dont la prise rendra ton pouvoir redoutable,
Mais pourquoy m'amuser à tous ces vains discours?
Blessé comme je suis, j'ay besoin de secours.
Allons voir cét objet, de qui mon mal procede,
Pour implorer de luy ma perte ou mon remede.
Mais helas! malheureux, pourquoy l'ai-je quitté?
Quand je devois parler, je me suis absenté;
Bien loin de le presser, j'ay resolu d'attendre,
Et de luy donner temps afin de se deffendre.
Imprudent, qu'ai-je fait? mais ô fol sentiment!
Pouvois-je en perdant tout, garder le jugement?
Non, non, pour resister contre tant de merveilles,
Il me faloit fermer les yeux & les oreilles.
Je suis dessus la terre, & non pas dans les Cieux,

Var: v. 1615 : Ne m'importune point de toutes tes affaires Q 48

Je suis homme, & n'ay pas le pouvoir qu'ont les Dieux,
Mon corps n'est pas, comme eux, d'une immortelle essence,
Il est subjet aux maux qu'aporte la naissance,
Quand un objet est rare, il le charme & l'esmeut,
Et je ne puis alors que ce qu'un autre peut.
Ouy, de quelque façon que le peuple me nomme,
Je ne croiray jamais que je sois plus qu'un homme,
Comme un autre je vis, comme un autre je dors,
Et comme un autre enfin mon sang bout dans mon corps.
Ouy, mon sang est bruslant, & j'espreuve à cét heure,
Que s'il ne s'atiédit, il faudra que je meure,
Mille espris enflamés le viennent agiter,
La nature est sans force en voulant les dompter,
Ils promenent par tout leurs rigueurs inhumaines,
Ils entrent par mes yeux, se glissent dans mes veines,
Embrasent mes poumons, consomment ma vigueur,
Alterent mes esprits & me bruslent le coeur,
Mais hellas! je retourne en mon erreur premiere,
Ne discourons donc plus, courons vers la lumiere,
Allons voir ce soleil: mais où courai-je? ô Dieux!
Quoy? n'atendrai-je point sa response en ces lieux?
N'importe, prevenons le mal qui nous menace,
Allons, mais arestons, mon coeur c'est trop d'audace.
Demeurons, il le faut, toutefois je puis tout,
Et tel que soit mon sort, j'en viendray bien à bout.
Rigoureux sentiments que mon amour m'inspire,
Allez, ne venez plus accroistre mon martire,
Dans vos diversités, desirs conseillez-moy,
Amour, viens m'assister, respect, esloigne-toy,
C'en est faict, je te suis, tes loix sont trop severes,
Cesse de m'effrayer par de vaines Chimeres,
J'aime & je veux aimer, j'aime & veux estre aimé,
Et qui me blasmera, sera tousjours blasmé,
Courons donc, mais voicy l'Escuyer de ma belle.

SCENE VIII.

ORONTE, ALEXANDRE, OROONDATE.

OROONDATE

Seigneur,

Var: v. 1657 : Allons vers ce soleil: mais où courai-je? ö Dieux! Q 48

ALEXANDRE

Ah! brise là, dis-moy, que resoult-t'elle?

OROONDATE

Vous verrez.

ALEXANDRE

C'est assez, dis-moy sa volonté.

OROONDATE

Ce mot le doit apprendre à vostre Majesté.

LETTRE DE STATIRA [116]

Il n'estoit pas besoin d'escrire cette Lettre,
Pour vous faire sçavoir ce que j'ay resolu,
Sçachant ce que l'honneur auroit pû me permettre,
Vous pouvez bien sçavoir ce que j'aurois voulu.
Le sort ne peut m'otter l'honneur & le courage.

ALEXANDRE *en dechirant la lettre*

Deschirons, je ne puis en lire d'avantage,
Oronte, allez me querir cette ingrate beauté.

OROONDATE

Quoy? Seigneur, voulez-vous forcer sa volonté?

ALEXANDRE

Et toy, te croirois-tu capable de m'instruire?

OROONDATE

Non, Seigneur, mais,

ALEXANDRE

Je sçay comme il me faut conduire.

OROONDATE [117]

Je vous donne un conseil & non pas une loy.

ALEXANDRE

En l'estat où je suis, je ne veux rien de toy.

OROONDATE

Vous devriez escouter un advis salutaire.

ALEXANDRE

Tu devrois mieux parler, ou tu devrois te taire.

OROONDATE

Je croy vous obliger en vous parlant ainsi,

ALEXANDRE

Tu m'obligerois plus, en t'esloignant d'icy.

OROONDATE

Et quoy vous aigrit-on quand l'on vous est fidelle?

ALEXANDRE

L'audace d'un captif est un fort mauvais zelle.

OROONDATE [118]

Mais Seigneur, vous m'avez donné la liberté.

ALEXANDRE

Mais je te veux revoir dans la captivité.

OROONDATE

Vous pourez, si je meurs, contenter vostre envie.
Mais tant que je vivray, je deffendray ma vie.

ALEXANDRE

Insolent!

OROONDATE

Ah! calmez ce violent couroux,
Tel que je suis, mon sort ne despend plus de vous;
Je ne le celle point, Statire est ma Maistresse.

ALEXANDRE

Ouy, je sçay que tu sers cette belle Princesse,
Et c'est ce qui pour toy desarme ma rigueur,
Sans cela,

OROONDATE

Je la sers, il est vray, mais en homme de coeur,
Et je le monstreray.

ALEXANDRE [119]

Mais c'est comme un Esclave.

OROONDATE

C'est une qualité qu'enviroit le plus brave.
Un Dieu seroit heureux d'estre sous son pouvoir.

ALEXANDRE

Ouy, d'inclination, & non pas par devoir.

OROONDATE

Aussi je ne la sers que parce que je l'aime.

ALEXANDRE

Le bien qu'elle t'a fait rend ton amour extresme.

OROONDATE

Elle est recognoissante & sa vertu me plaist.

ALEXANDRE

Aussi ton amour n'est qu'un amour d'interest,
Et sçachant comme il touche un esprit mercenaire,
Je ne m'estonne point de te voir temeraire,
Je te pardonne. Adieu.

OROONDATE [120]

Ne me pardonnez point,
Et ne vous trompez plus davantage en ce point,
J'aime cette Princesse, & je mourray pour elle.

ALEXANDRE

Va, tu fais le devoir d'un serviteur fidelle,
Ayant esté tousjours nourry dans sa maison,
J'excuse ta colere avec quelque raison.
Mais laisse-moy de grace.

OROONDATE

Ah! quel est mon martire,
Sire, comprenez mieux.

ALEXANDRE

Quoy? que veux-tu me dire?

OROONDATE

Que vous vous abusez d'avoir ce sentiment,
Et que je ne la sers que Genereusement,
Que je suis.....

ALEXANDRE

Brise là, je ne te puis entendre.

OROONDATE [121]

Mais je perdray tous ceux qui la veullent prétendre.

Var: v.1720 : ALEXANDRE : Quoy? que me veux-tu dire? Q 48

ALEXANDRE

Dans ta condition tu ne peux m'outrager,
Contre un plus grand que toy je me sçaurois vanger,
Aussi je croy qu'un Prince auroit mauvaise grace
De respondre à l'esclave alors qu'il le menace.

OROONDATE

Esclave? Ah! quel afront, non, je feignois, je suis ....

ALEXANDRE

Sois ce que tu voudras.

OROONDATE

Craignez ce que je puis.

ALEXANDRE

Va, va, tu peux tout dire, & ne pouvant rien faire,
Tu n'es pas un objet digne de ma colere,
Mais j'aperçois Statire, elle se font en pleurs
Ayant causé son mal, j'en resens les douleurs.

SCENE IX [122]

ALEXANDRE, STATIRA, OROONDATE
et la suitte d'Alexandre

ALEXANDRE *courant vers elle*

Ah! Madame arrestez la course de vos larmes,
(Il ne dit que les deux premiers mots hautement)
Dans son affliction qu'une belle a de charmes,
Ses yeux sont eloquents, ses pleurs nous font pleurer,
Ses souspirs nous font plaindre, & nous font souspirer.
Belle Statire, etouffez la douleur qui vous dompte.

Var: v.1739: Ah! Statire, etouffez la douleur qui vous dompte. Q48

STATIRA

Grand Prince, estouffez donc l'amour qui vous surmonte.

ALEXANDRE

Je ne puis l'estouffer, puisqu'il part de vos yeux.

STATIRA

Monstrez que vous pouvez ce que peuvent les Dieux.
Ouy faictes nous cognoistre, en l'estat où nous sommes,
Que vous ne tenez rien de la terre & des hommes,
Et que vos actions ont une pureté
Qui tire son esclat de la Divinité;
Le peuple vous a creu d'immortelle naissance,
Maintenez-le tousjours dedans cette croyance,
Et ne permettez pas qu'un plaisir imparfait
Obscurcisse aujourd'huy l'honneur qu'il vous a fait.
Vous avez mille fois remporté la victoire,
Signalant vostre nom dans les champs de la gloire,
Maintenant pour vous mettre au faiste du bonheur,
Tachez d'en remporter dans les champs de l'honneur,
Apres un tel effort tous vos jours seront calmes,
Vous pourrez moissonner des lauriers & des palmes,
Et vous domptant ainsi vous pourrez vous vanter,
Que vous domptez celuy qui pouvoit tout dompter.

ALEXANDRE

Madame, je vous aime, & je ne puis vous croire.

STATIRA

Seigneur, perdez-moy donc pour sauver vostre gloire,
Et puisque rien ne peut m'empescher de perir,
Cherchez dedans ma mort les moyens de guerir;
Mais pour vous espargner, & ce soin, & ses peines,
Je m'en vais espuiser tout le sang de mes veines, [124]
(Elle tire un poignard)
Ouy, grand Prince, ce fer avec un prompt secours,
Conservera ma gloire, & l'esclat de vos jours,
Sy proche de la mort, rien ne me doit contraindre,
En ce dernier estat, il n'est plus temps de feindre,

Var: v.1766 : Conservera ma gloire, & l'esclat de mes jours, Q 48

Ouy, je vous aimerois plus que vous ne croyez,
Sy je n'avois aymé celuy que vous voyez.
Il n'est point Escuyer, il est Prince de Perse;
Qu'apres un tel discours vostre vertu s'exerce,
Qu'elle nous fasse voir le coeur que vous avez,
La force de vostre ame, & ce que vous pouvez.

ALEXANDRE

Hellas! que resoudrai-je? ah! Dieux que doi-je faire?
Pitié, respect, amour, honneur, bonté, colere,
Charme, vertu, plaisir, espoir, crainte, beauté,
Conseillez-moy de grace, en cette extremité.
Mais pourquoy ballancer en ce douteux orage?
Suivons les mouvemens qu'inspire le courage,
Et pour avoir enfin le nom de Continent,
Estouffons ce brasier qui brusle maintenant,
Il est encor en nous, mais parlons d'autre sorte,
Aymons, ne craignons rien, toutefois je m'emporte,
Et je ne cognois pas que je manque de coeur,
Abusant lachement du pouvoir d'un vainqueur, [125]
Non, non, temoignons-leur la force de mon ame,
Eteignons aujourd'huy cette illicite flame,
Et faisons admirer à la posterité,
Jusqu'où pouvoit aller ma Generosité.
Madame, vous m'avez surmonté par vos charmes,
Vous le faictes encor par le cours de vos larmes,
Vostre insigne vertu m'enseignant mon devoir,
M'inspire les pensers que je devrois avoir.
Vivez, quitez ce fer. Vous, Prince Magnanime,
Venez cueillir le fruict d'un amour legitime,
Admirez ce que peut, chez un homme de coeur,
Les nobles sentiments d'un veritable honneur,
Sy d'abort il l'eschape, apres en ayant honte,
Il s'efforce à dompter le tyran qui le dompte,
Et fait cognoistre enfin, en en venant à bout,
Que quiconque a du coeur, sçait tout vaincre & peut tout.

OROONDATE

Ah! Grand Prince.

STATIRA

Ah! Grand Roy, plus Dieu, que les Dieux mesmes,
Vous nous rendez confus, par ces faveurs extremes!

ALEXANDRE [126]

Allez, vivez contens, je vous rends tous vos biens,
Et vous permets encor de disposer des miens,
Je donne à vos subjets & l'honneur & la vie,
Et pressé d'une juste & genereuse envie,
Je veux faire aujourd'huy triompher la vertu,
En monstrant à ses pieds Alexandre abatu.*

(Il se jette aux pieds de Statira)

Fin du quatriesme Acte.

ARGUMENT* [127]

DU CINQUIESME ACTE

Persée assiegé dans l'Isle de Samotrace avec tous ses tresors, se dispose à la fuitte, par le moyen d'un Candiot qui luy prometoit secours. 2. Le Candiot paroist qui embarque les tresors dans le vaisseau, par le commandement de Persée, qui n'y veut monter qu'ils ne soient seurement, mais le Candiot se voyant seul parmy tant de Richesses lors que Persée est prest à monter, coupe la corde & met la voille au vent. 3. Cette action met Persée au desespoir, & pour l'en combler, l'on le vient advertir que Paul Emille est entré triomphant, & que l'on luy a desja remis ses enfans entre les mains. 4. Paul Emille paroist, & luy faisant reproche de ses bassesses le laisse dans la confusion de son crime. 5. Il reste avec un desespoir inconsolable lorsqu'un Edille luy apportant un vestement noir, luy commande de la part du Senat de quiter ses ornements Royaux pour se couvrir de ses marques de Captivité. Alors l'image [128] de son Avarice se presentant horrible à ses yeux, il deteste sa mauvaise conduitte, & se disposant à suivre le Char de son vainqueur se prepare de quitter une vie qui n'est plus pour luy qu'une source d'affliction & de douleur.

ACTE V* [129]

SCENE PREMIERE.

LE PRINCE, LE GOUVERNEUR

LE PRINCE

Apres tant de faveurs, que faut-il que je fasse?

LE GOUVERNEUR

Tascher d'en profiter, loin de m'en rendre grace,
Et pour recompenser mes soings officieux,
Apprendre à refrener tes desirs vitieux,
A ne croire jamais ta passion extresme,
Et regner sur autruy moings que dessus toy-mesme,
Mais ces enseignements estant hors du commun,
Me pressent aujourd'huy d'en monstrer encor un,
De peindre en un tableau l'horreur de l'avarice,
Te monstrer quels malheurs peut produire ce vice,
Et quels biens peut causer la liberalité, [130]
Quand on en sçait user sans prodigalité.
Je m'en vais te monstrer le plus puissant des Princes,
Dont l'horrible avarice a perdu des Provinces,
Le reduissant enfin, apres l'avoir soubmis,
A servir de risée à tous ses ennemis.

SCENE II.

PERSEE, ALCMENE, EUCTEE.

(Ils sont sur le port, à costé d'un Temple, où l'on voit au pied quantité de Coffres plains de Richesses, & forces Vases & forces Paquests, des Eschelles de corde attachée au Temple.)

ALCMENE

Mais pourquoy nous resoudre avecque des Eschelles?
Et n'en pas advertir ceux qui me sont fidelles?
Pourquoy tous ces tresors, ces meubles, ces habits,
Cét or, & cet argent, & ces vases de prix?

PERSEE

Sçachez qu'Octavian le Lieutenant d'Emille,
Doit dedans un moment entrer dedans la ville,
Et que n'y pouvant plus demeurer seurement,
Je cherche mon salut dedans l'esloignement.

ALCMENE [131]

On ne nous peut forcer estans dedans ce Temple.

PERSEE

Il est vray qu'on luy porte un respect sans exemple,
Mais les vivres manquans, nous n'y pouvons tenir.

ALCMENE

Que faire, que resoudre, enfin que devenir?

PERSEE

Rasseure tes esprits, ne crains point de surprise,
Un jeune Candiot, mais homme d'entremise,
Me tient un vaisseau prest, & je l'attends icy,
Afin de m'y sauver, & ces tresors aussi.
Fortune, que tes coups sont de nature estrange!
Tu fais tomber un Roy des Cieux dedans la fange,
Et le voyant apres d'un oeil capricieux,
Tu l'esleves parfois de cette fange aux Cieux.
Le changement te plaist, l'inconstance est ton estre,
Dans les diversitez l'on ne te peut cognoistre.
Tu flates, tu trahis, tu trompes, tu promets.
Et qui veut t'arrester, ne s'areste jamais.
Tu m'avois eslevé par dessus le vulgaire,
Prodigué des faveurs que tu ne faisois guere,
Et m'ayant fait regner jusque sur tes autels , [132]
Je voyois à mes pieds le reste des mortels.
Mais helas! ton amour, né de ton inconstance,
Pour ne te trahir point mourust en sa naissance,
Un instant le fist naistre, un instant le borna,
Et qui me protegeoit, alors m'abandonna.
Fascheux ressouvenir, beau débris de ma gloire,
Allez: ne venez plus affliger ma memoire,

---

var: v.1833 : Et que n'y pouvant plus demeurer un moment, Q 48

Et ne comparez plus, pour croistre mes ennuis,
Le rang que je tenois, & l'estat où je suis.
Effacez ces crayons de ma grandeur supresme,
Cette Pourpre, ce Dais, cet or, ce Diademe,
Ces Trônes, ces subjets, ces Sceptres, ces Bandeaux,*
Et ne me presentez qu'horreurs & que tombeaux.*

ALCMENE

Seigneur, consolez-vous, & dans ce mal extresme,
Ne vous en prenez point à d'autre qu'à vous-mesme,
Car ayant refusé ces Barbares vaillants,
Qui ne vous demandoient que deux mille tallants,
Vous avez renvoyé, pour surcroist d'infamie,
Ce secours estranger à l'armée ennemie,
Qui recueillant alors ce que vous desdaigniez,
S'en servit pour piller ce que vous espargniez,
Ouy, vous avez monstré, refusant cette somme,
Que vous pretendiez moins faire la guerre à Rome, [133]
Qu'espargner des tresors pour l'en combler un jour;
Je parle, mais Seigneur, excusez mon amour.

PERSEE

Parle, reproche-moy que c'est mon avarice,
Qui te traisne aujourd'huy dedans le precipice,
Puisque pour conserver d'inutiles tresors,
J'esloignay le bonheur qui me suivoit alors,
Mais dedans cét estat, quoy que tu puisses dire,
Ton discours ne fera qu'augmenter mon martire,
Je ne l'escouteray qu'à fin de m'affliger,
Et d'aigrir ma douleur, loin de la soulager,
Mais helas! je me trompe, elle ne peut s'acroistre,
Elle est dans un excés qui la faict mesconnoistre,
Car enfin sa rigueur m'a reduit à tel point,
Que pour la trop sentir, je ne la ressens point.
Ah! je cognois trop tard la faute que j'ay faicte,
Un cruel repentir succede à ma defaicte,
Et ce bon sentiment devoit la preceder,
Et ne pas naistre alors qu'il ne sçauroit m'aider.
Mais quoy! l'adversion des actes legitimes,
Par un ordre fatal est le bourreau des crimes,
Et le Ciel fait souvent, prevoyant l'advenir,
Que ce qui nous flattoit serve pour nous punir.
Mais ce cher Candiot parest sur le Rivage.* [134]

SCENE III.

PERSEE, ALCMENE, LE CANDIOT, EUCTEE

PERSEE

He bien?

LE CANDIOT

Seigneur, partons sans tarder davantage.

PERSEE

Embarque mes tresors, fais viste, je t'attens.

ALCMENE

Montons dans le vaisseau, ne perdons point de temps,
Seigneur, en cét estat il n'est pas bon d'attendre.

PERSEE

Mes tresors me sont chers & je les veux deffendre,
Je n'y monteray point qu'ils ne soient seurement,
Aussi ne faudroit-il qu'un soldat seulement,
Pour nous donner l'efroy par une fausse alarme,
Et piller seul des biens pour qui le peuple s'arme.

ALCMENE [135]

Mais...

PERSEE

Je les deffendray jusqu'à l'extremité,
Outre que ce vaisseau me met en seureté,
Et que je puis monter, si le besoin me presse;
Sy tu crains, laisse-moy, va,

ALCMENE

Moy! que je vous laisse?
Ah! ne le pensez pas & croyez, s'il vous plaist,
Que je ne vous parlois que pour mon interest.

PERSEE

Sy l'on pert un tresor lorsque l'on le hazarde,
Je n'y suis pas moy-mesme une trop seure garde,
Mais il les faut haster pour partir promptement,
Allons, tout est-il prest?

EUCTEE

Seigneur, dans un moment.

PERSEE

Enfin je braveray la puissance de Rome,
Et tout par le conseil, & par l'avis d'un homme,
O le fidelle amy!

ALCMENE [136]

Qu'il fut ingenieux!

PERSEE

Qu'il fut sage & prudent!

ALCMENE *le voyant travailler*

Qu'il est officieux!
Par luy vous renouerez avec la Renommée,

PERSEE

Par luy je vais lever une puissante armée.

ALCMENE

Par luy vous remontrez au Temple de l'honneur.

PERSEE

Par luy je m'en vais estre au comble du bonheur,
Et prodiguer enfin les biens que je conserve,
Pour regner avec vous, & Bellone & Minerve.
Superbes ennemis, Audacieux Romains,
Malgré vostre pouvoir j'eschape de vos mains,
Et les miennes dans peu borneront vos conquestes,

Arrachant les lauriers qui sont dessus vos testes.

ALCMENE

Qu'il faut recompenser ces Genereux amis!

PERSEE [137]

Je ne leur tiendray pas tout ce que j'ay promis,*
Je flattois leurs esprits par de vaines caresses,
Quand je leur promettois le quart de mes Richesses,
Et depuis j'ay jugé qu'en ne leur donnant pas,
Elles serviront mieux pour armer des Soldats.

EUCTEE

Seigneur, tous vos tresors sont mis dedans la Barque.

PERSEE *en allant au Rivage*

Allons, sauvons-nous donc. O trop heureux Monarque!
Mais que voy-je? Ah! grands Dieux, il s'esloigne du Port!
Il nous fuit, il nous quitte, ô disgrace du sort!
Il est en pleine mer, arreste, arreste, traistre;
Mais j'ay beau l'appeller, il vient de disparaistre,
Ce morceau de Rocher le desrobe à mes yeux,
Ah! je suis possedé d'un transport furieux,
Courons, allons sur luy faire esclater ma rage,
Dans ce vaisseau brisé, sur un ais, à la nage,
Tout vestu, tout armé, il n'importe comment.

ALCMENE [138]

Helas! moderez-vous dans ce ressentiment.

PERSEE

Et vous, derobez-vous à ma juste furie,
Que chacun, comme moy, s'emporte, peste, crie,
Et que par ses sanglots, ses plaintes & ses pleurs,
Il change en desespoir mes cuisantes douleurs.
Ne me retenez point, je veux punir ce traistre,
En l'estat où je suis, je ne vous puis cognoistre,
Allez retirez-vous, & ne me parlez plus,
Vos conseils & vos soings ne sont que superflus,
Quand je perds mes tresors, je veux perdre la vie,

Apres tant de malheurs, la mort me fait envie,
Elle est mon seul remede & mon unique port,
Mesprisons donc la vie, & courons à la mort,
Jettons-nous dans ces eaux, & faisons que leurs ondes
Terminent aujourd'huy mes douleurs sans secondes,
Ouy, je me veux vanger, ou je veux abismer,
Et servir de pasture aux monstres de la mer.
Furieux mouvements, transports, esprit de flame,
Invisible bourreau qui deschire mon ame,
Tonnerre impetueux que produit la fureur,
Enfant du desespoir, & mere de l'horreur,
Rage, viens te liguer avec mon infortune, [139]
Empoisonne tes traits, joints tes forces en une,
Et plonge enfin mes jours dans une extremité,
Que le plus noir Demon n'aist jamais inventé,
Mes biens, mes chers tresors, helas! que deviendray-je?
Vous ayant tant gardés, à la fin vous perdray-je?
Ne vous verray-je plus? & vivray-je sans vous?
Ah! ce mortel penser redouble mon couroux.

SCENE IV

PERSEE, ALCMENE, EUDEE

EUDEE *courant à Persée*

Seigneur.

PERSEE

Parle.

EUDEE

Seigneur.

PERSEE

Parle donc.

Var: v.1968 : Insensible bourreau qui deschire mon ame, Q 48

EUDEE

Paul Emille
Avec plusieurs Soldats vient d'entrer dans la ville.

PERSEE [140]

Romains, je suis vaincu, vous estes triomphans.

EUDEE

De plus, on dit qu'Arcas luy mene vos enfans.

PERSEE

O surcroist de malheur!

ALCMENE

O comble de tristesse!

PERSEE

Helas! n'augmentez point la douleur qui me presse,
Madame, sauvez-vous dedans ce temple. Adieu,
Le desordre est trop grand pour rester en ce lieu.

ALCMENE

O le fidelle Amy!

PERSEE

Le parjure!

ALCMENE

Le traistre!

PERSEE [141]

O l'esprit le plus noir que l'enfer ait fait naistre!

ALCMENE

Par luy nous allons estre au comble des malheurs,

PERSEE

Par luy nous respandrons & du sang, & des pleurs
Mais ne conteste plus, sauve-toy dans ce Temple.

SCENE V

PERSEE, EUDEE

PERSEE

Mal, le plus grand des maux, qui n'eust jamais d'exemple,
Triste effect du destin, dont je ressens les coups,
Dure punition du celeste courroux,
Prodige espouventable, effroiable supplice,
Que traine avecque soy l'amour de l'avarice!

EUDEE [142]

Seigneur, vous dites vray, cét amour vous a mis
En estat d'obeyr à des peuples soubmis.
Vous pouviez affronter la puissance de Rome,
Et vous ne pouvez plus affronter un seul homme.
Ah! vous ne deviez pas refuser ce secours,
Que deux mille talents vous donnoient pour tousjours.
Ces barbares vaillans....

PERSEE

Conseiller infidelle,
Est-il temps maintenant de me monstrer ton zelle,
Devant que de faillir que ne me parlois-tu
De ces bons sentimens que donne la vertu?
Que ne t'efforçois tu de corriger mon vice?
Mais ton avare esprit te rendit mon complice,
Pour faire ton profit tu voulus me flatter,
Et tu me carressois, bien loin de m'iriter.
Ah traistre! le trespas sera ta rescompense.*

(Il court à luy l'espée à la main.)

Mais j'entends un grand bruit, & Paul Emille advance.

SCENE VI* [143]

PAUL EMILLE, OCTAVIAN, PERSEE
& toute la suitte, avec TIBERE

PERSEE *baisant les pieds de Paul Emille.*

Hé Seigneur, à vos pieds j'implore.....

PAUL EMILLE

Leve-toy,
Tu n'es pas en l'estat où doit parestre un Roy,*
J'ai regret de te voir me parler de la sorte,
Leve-toy, voy d'un oeil les ordres que je porte,
Et de l'autre aussi tost considere ton rang,
Et ne fais rien enfin d'indigne de ton sang,
Ce lasche procedé fait tort à ma victoire,
En perdant ton estime, il obscurcit ma gloire,
Et ne me permet pas de m'estimer heureux,
Domptant un ennemy qui n'est pas genereux.

PERSEE

Seigneur.

PAUL EMILLE [144]

Monstre-toy donc digne ennemy de Rome,
Reprends ce noble orgueil, par qui l'on se renomme,
Tesmoigne du courage en ton adversité,
Triomphe des rigueurs de la fatalité,
Repousse tous les traits que le malheur t'envoye,
Endure sans regret, souffre tout avec joye;
Ne verse point de pleurs, & loin d'estre abatu,
Fais que tes ennemis admirent ta vertu.
Devant que de te voir je plaignois ta fortune,
Je voulois adoucir le mal qui t'importune,
Et je me disposois pour te monstrer mon coeur,
D'oublier devant toy le tiltre de vainqueur,
De ne te point aigrir d'aucunes invectives,
De te combler enfin de faveurs excessives,
Et de te faire voir que ce n'est qu'aux Romains
A bien traicter les Rois qui tombent en leurs mains.
Mais lors que je t'ay veu souspirer comme un lasche,
Ternir le nom de Roy de cette infame tache,

Baiser mes pieds d'abord, & paslir, & pleurer,
J'ay perdu le dessein de te considerer,
Et n'escoutant alors que la vertu Romaine,
J'ay creu que ta pitié meriteroit sa haine,
Et que plaignant un Roy sans Generosité, [145]
Je desobeirois à sa severité;
Outre que j'ay regret de voir qu'en cette Guerre,
Je n'ay que triomphé du moindre de la terre,
Et que j'ay partagé tant de travaux soufferts,
Pour mettre seulement un lasche dans mes fers.
Mais je devois prevoir ton humeur detestable,
Alors que Gentius, ce Prince miserable,*
Flatté des grands tresors que tu luy promettois,
Choqua ses alliez comme tu souhaittois,
Et n'obtint à la fin, pour prix de son service
Qu'un regret d'esprouver quelle est ton avarice,
Car voyant qu'il rompoit pour ne pas renoüer,
Tu feignis, le coup faict, de le desadvouer,
Et vis mesme à tes yeux enlever ce grand homme
Que l'on sacrifia pour la gloire de Rome.
Depuis tu refusas pour dix mille tallants,
Ces Basternes hardis, ces barbares vaillans,
Qui vindrent dans mon Camp pour venger cest outrage;
Mais tu ne me respons, qu'en baissant le visage,
Apres t'avoir vaincu, j'ay honte de te voir.
Tibere, garde-le.

TIBERE

Je feray mon devoir.

SCENE VII [146]

PERSEE

Songeant à ces discours, voyant comme il me traitte,
Sans esprit, sans raison, sans conseil, sans retraitte,
Sans tresors, sans amis, sans force, sans pouvoir,
Accablé de malheur, destitué d'espoir,
Inquiet, incensé, confus, hors de moy-mesme,
Enfin que resoudray-je en ce desordre extreme?
Mais que puis-je resoudre? & que m'est-il permis,
Estant seul au milieu de tous mes ennemis?
D'où viendroit le secours que je pourrois attendre,

Et quel seroit le Dieu qui me voudroit deffendre?
Mais quel est ce soldat, & que peut il vouloir,
En me monstrant de loin cet habillement noir?*

SCENE VIII [147]

PERSEE, TIBERE, *un Edille Romain*

L'EDILLE *faisant porter derriere luy par un Page un vestement noir, & abordant brusquement Persée,*

Esclave.

PERSEE

Helas!

L'EDILLE

Je viens te demander les marques
Que la coustume veut que portent les Monarques,
Tes Ornemens Royaux.

PERSEE

O les biens fugitifs!

L'EDILLE

Pour te couvrir de ceux que portent les captifs,
C'est l'ordre du Senat, fais donc ce qu'il commande.

PERSEE [148]

Helas! fust-il jamais infortune plus grande?
La colere des Dieux, qu'on ne peut éviter,
Assemble tous ces traits pour me persecuter,
Et contraint maintenant à me faire la Guerre,
L'enfer, le feu, les eaux, l'air, le Ciel, & la Terre,
L'enfer a mis au jour qui m'a vollé mon bien,
Le feu dans mes pays ne me conserve rien,*
Les eaux prestent secours au traistre qui me volle,
L'air en m'empoisonnant estouffe ma parole,
Le Ciel en m'oustrageant arme tout contre moy,

Et la terre veut voir le triomphe d'un Roy.
Ah! mortel souvenir, triste effet de mon vice,
Enfant de mon forfaict, & de mon avarice,
Remord, cuisant bourreau qu'anime la vertu,
Tu m'as abandonné, que ne me quittes-tu?
Honneur, retire-toy dans ce malheur extresme,
Ayant vescu sans toy, je dois mourir de mesme,
Me voyant pour jamais dedans l'obscurité,
N'employe plus si mal un rayon de clarté,
Ne te presente point si l'on ne te desire,
Ton aspect ne sçauroit qu'acroistre mon martyre,
Puisqu'en suivant les loix d'un destin rigoureux,
Si je suis sans honneur, je seray plus heureux.
Ouy, si je n'avois pas la honte d'estre Esclave,
Marchant derriere un Char, j'irois d'un pas plus grave, [149]
Et dans mon desespoir affrontant mes malheurs,
Je vaincrois mon vainqueur, & mes propres douleurs,
J'irois les yeux levés, loin de baisser la veue,
Mais quoy? le Ciel le veut, c'est son bras qui me tue,
Et qui me fait liguer, avec mes ennemis,
Pour me mieux chastier du mal que j'ay commis.
Roys, Princes, Potentats, profitez de ma faute,
Voyez ce que j'avois, & ce que le Ciel m'oste,
Jamais aucun bonheur ne fut esgal au mien,
J'estois tout autrefois, & je ne suis plus rien.
Ah! funeste penser, detestable avarice,
Va, va, je te deteste & cognois ta malice,
Je brise tes autels, & feray desormais
Que qui te cognoistra, ne te suivra jamais.

L'EDILLE

Donne-moy donc ces biens que le Senat demande.

PERSEE

Je ne puis resister, faisons ce qu'il commande.
Allons, mais essayons par un dernier effort,
De guerir de cent morts, par une seule mort.

Var: v. 2124 : Je n'y puis resister, faisons ce qu'il commande. Q 48

SCENE IX [150]

LE PRINCE, LE GOUVERNEUR

LE GOUVERNEUR

Ouy, si tu veux regner, fuis & punis le vice.
Regarde avec horreur ce demon d'avarice,
Et pour gouster encor ce divertissement,
Sois Juste, Continent, Genereux & Clement,
Lors je m'efforceray de t'en produire d'autres.

LE PRINCE

Tousjours mes sentiments s'acorderont aux vostres,
Ravy que ces tableaux me viennent d'enseigner,
Et l'Art de vivre heureux, & celuy de Regner.

Fin de l'Art de Regner.

NOTES

Abréviations

Dédicace : 'Dédicace' l'*Art de Régner* de Gillet de la Tessonerie, Paris, Toussaint Quinet, 1645

Dessein : Dessein du poëme de l'*Art de Régner.*

Dubois et Lagane : *Dictionnaire de la langue française classique*, Paris, Belin, 1960

Plutarque : *Vies des hommes illustres*, texte établi et traduit par R.Flacelière et E. Chambry, Paris, Les Belles Lettres, 1966

ACTE 1

PERSONNAGES

Les rôles du Prince et du Gouverneur sont les seuls communs à tous les actes. Dans sa Dédicace au maréchal de Bassompierre, Gillet ne laisse aucun doute que le sage gouverneur du sous-titre n'est autre que le maréchal lui-même. Cf. Dédicace:

> En effect Monseigneur, il semble que cét ouvrage ait quelque relation avecque vous, nul n'a pû voir sur son front le nom de Sage & de Gouverneur qu'en mesme temps celuy que vous portez aprés tant de Heros de vostre famille. (f.2)

Plus circonspect quant à l'identité du Prince, Gillet laisse néanmoins peu de chose à deviner. Cf. Dédicace:

> Sy d'une part on y voit un jeune Prince, de l'autre on escoute parler un sage, & comme le premier doibt estre le plus puissant Potentat du monde, il faut regarder le second comme un de ses plus grands Genies. (f.2)

La liste des personnages, à bien considérer les besoins dramatiques, est incomplète. Toutes les actions commencent par un discours entre le Prince et son gouverneur, accompagné d'un page qui tirera le rideau pour dévoiler une action qui se déroulera devant un décor changé à tous les actes. Ce personnage ne figure pas sur la liste, tandis que d'autres rôles muets s'y trouvent. Il faudrait aussi une suite pour le roi Philippe, qui fait son entrée, accompagné d'Attale, à la quatrième scène. A la cinquième scène, Alexandre doit parler 'à un de la suitte de Philippe', indication qui suggère une présence multiple autour du roi. Ces figurants quitteront la scène en compagnie d'Alexandre et leur absence sera regrettée par le roi vers la fin de la septième scène, lors de son assassinat.

DECOR

La scène est dans un palais d'Athènes, selon l'indication scénique qui précède le premier acte, mais l'auteur souligne que le lieu est sans intérêt, ' ... & quoi que la scene en soit en Grece aucun n'a lieu de douter que les Acteurs ne doivent être Français ... ' (Dédicace, f.1)

Les scènes entre le Prince et son Gouverneur se déroulent donc dans une espèce de cadre de palais, dans les coins desquels ils pourront se retirer pour faire place à l'action principale, jusque-là cachée derrière un rideau que l'auteur appelle indifféremment 'toile' ou 'tapisserie'.

Ce sont les cinq décors divers que Gillet décrit en plus de détails. Cf. Dessein: Au premier Acte dans un jardin superbe parest Philippe, ... (f.5)

Une indication scénique à la fin de la troisième scène 'Elles se cachent dans le bois' ajoute un élément de décor important, puisque les deux femmes ne reparaîtront qu'à la fin de la sixième scène.

Rien n'indique comment le tableau final fut caché au regard du spectacteur. La scène ultime suggère que les acteurs de la tragédie de Persée avaient quitté la scène avant l'entrée du Prince et de son Gouverneur.

v.5 et suiv.: sceptre, habits, couronne, s'agit-il d'accessoires? Il serait étonnant, mais non pas impossible, qu'ils fussent portés par celui qui jouait le rôle du Prince. N'insistons pas sur un réalisme peut-être excessif, mais les insignes royaux, sous forme de métaphores, sont si constamment évoqués que leur disparition réelle vers la fin de la pièce, quand l'Edile fait ôter à Persée les 'Ornemens Royaux' qu'il n'est plus digne de porter, serait plus impressionnante. L'idée serait d'autant plus méritoire, que le contraste entre le bon prince et le mauvais roi Persée, qui doit rendre ces signes de sa gloire au vainqueur, serait appuyé. Gillet voulait-il fournir à son prince, comme au public, un mémento visuel de son thème?

v.32: Cf. Dessein: Polidore, travaillant à l'éducation d'un jeune Prince que l'on avoit commis à son genie, dedans ses divertissemens mesle sagement quelque rayon du caractere qu'il luy veut donner, & confondant le delicieux avec l'utile, ... (f. 4)

Le 'Omne tulit punctum qui miscuit utile dulci', poncif de la critique littéraire au dix-septième siècle, est souvent cité par Gillet, pour qui la pertinence l'emporte sur la banalité.

Cf. *Avertissement au lecteur*, *Le Triomphe des cinq passions*, Paris, 1642 '... ce vers d'un de nos maistres, desja tant de fois allegué par d'autres.'

v.35: Voir Plutarque: Tome 9, ch. 9, pp.39-40, pour les désordres de la maison de Philippe et son amitié pour Attale, et Tome 9, ch.12, pp. 43-44, pour l'histoire de Timocléia, violée par un soldat thrace, et graciée par Alexandre. Mais le thème d'un roi indigne de régner, puni par ses sujets, dérive de sources dramatiques contemporaines. Voir *Lucrèce* de Pierre Du Ryer, Paris, 1639, et *L'Injustice punie* de Du Teil, Paris, 1641, deux tragédies qui traitent de viol, et de l'assassinat d'un roi injuste.

v.79: Minerve veut dire en ce vers que, déçue par la réaction de Philippe, elle va s'adresser directement à Attale, son ravisseur, même s'il est suivi de sa garde. Plus tard, le désir de se venger contre son ravisseur se transformera en campagne de justice contre le roi.

v.149,150: Philippe s'étonne que l'homme qu'il prenait pour un des plus vaillants de ses lieutenants soit devenu esclave de la passion.

v.205: Cf. Corneille, *Le Cid*, v.81

L'amour est un tyran qui n'épargne personne:

v.262: Le verbe 'esloigner' s'employait transitivement, comme 's'éloigner de' (Voir Dubois et Lagane, p.178). Alexandre montre une inquiétude toute filiale pour la sécurité de son père, tandis que le roi, désorienté par son dilemme moral, néglige sa personne.

v.314, 334: Ces vers identiques caractérisent la lassitude du roi, pris dans le piège de la faiblesse morale.

v.358, 359: Cf.Version allemande p.38, où la direction scénique est plus pittoresque, sinon brutale:

Er gibt ihr einen starke stoss mit dem Fuss.

Serait-ce la réflexion d'une représentation?

v.387 et suiv. La tirade de Minerve, accumulant les faits et prouesses de Philippe, lardée de noms exotiques, est la première de cette pièce, et annonce le goût de l'époque pour les déclamations surchargées.

v.413 et suiv: La réponse du roi rappelle irrésistiblement l'Horace de Corneille, plus précisément la dernière confrontation entre Horace et Camille. Gillet cherchait-il à profiter d'un effet de suspense déjà éprouvé au théâtre?

ACTE 2

PERSONNAGES

A la troisième scène, l'Exempt sera accompagné de sa suite, des gardes qui emmèneront Camille.

DECOR

Au second dans un Camp magnifique, (Dessein, f.2) Sans doute s'agit-il d'un décor militaire traditionnel, tel qu'on le voit au frontispice. Une tente s'y trouve au moins, parce que Lucipe s'y cache pendant la huitième scène. Fabie faisait-il son entrée à partir de sa tente, 'sortant en colère', selon l'indication scénique? Cf. VN p.16:

> Zy begeven hun weet aan een zijdevan't Tooneel, en het gordijn open geschooven zijnde, vertoont het een Veltleger, met prachtige tenten, en oorlogsgereetschap versiert.

Le rideau est donc fermé pendant la première scène, et ouvert par un page, non-signalé, au début de la suivante. C'est la dernière fois que ce procédé est indiqué dans le texte, cependant les actes suivants commencent toujours par une exposition présentée par le Prince et le Gouverneur. Nous en concluons que la manoeuvre se répète avec un page responsable de tirer le rideau.

v.448: Voir Plutarque, t.3, ch.21, pp. 94-95

v.490-496: Comparer *Le Cid* vv.179-200

v.514: Cf. Dessein f.2, notice en marge du texte:

> Pour ne donner aucune idée de République dans un ouvrage qui se declare pour l'estat Monarchique, la nature du Poëme & la Majesté de la Scene despouillent Fabie de la qualité de Consul pour luy donner le tiltre de Souverain.

La question n'est pas inutile, puisqu'elle annonce la transformation du rang de Fabie.

v.621: prêt de: équivalent de prêt à, indiquant une disposition, une intention. Voir Dubois et Lagane, p.390

vv.680-683: Voir Plutarque, t.3, ch.16, pp.89-90

vv.709-713: Les versions allemande et néerlandaise suivent la première édition du texte.

v.736: Exemple de l'emploi plus libre du gérondif à l'époque. Ce vers veut dire que c'est Fabie qui a traité Camille de lâche et l'a tenu suspect. Voir Haase, pp. 223-224

vv.745-769: Fabie exprime le point de vue d'un monarque absolu, représentant de Dieu sur terre.

vv.776-781: La métaphore du peintre, son tableau et ses couleurs figure souvent chez Gillet. Cf. Dédicace, f.1 :

> Ce subjet Heroique vouloit un protecteur illustre comme vous, & ce n'est qu'un tableau qui n'ayant pas les graces du coloris & du dessein, demandoit un homme generalement approuvé pour faire valoir l'idée du Peintre.

v.837: Voir ci-dessus, v.262, note.

ACTE 3

PERSONNAGES

La liste est incomplète. Achille et Septime sont des rôles muets, tandis que Lépide, qui paraît à la quatrième scène pour répondre aux observations distraites de Ptolomée, n'est pas nommé.Plusieurs capitaines doivent accompagner César lors de son entrée, dont Brute, qui ne figure pas sur la liste des personnages, mais à qui César s'adresse en personne. La suite de César doit rester en scène pour accueillir les princes tributaires, rôles muets, sauf celui de Pindare, qui exprime la volonté de ses pairs.

DECOR

Cf. Dessein f.2 : ... dans une place publique la plus belle de l'Egypte,...

Cf.VN, p.31:

> ... een treffelijke plaats van Egipten, met schoone gebouwen versiert.

Si cette place publique conviendrait au triomphe de César, elle se prête moins bien à l'entretien privé des personnages royaux et encore moins aux monologues tourmentés de Ptolomée à la troisième et à la huitième scènes.

ACCESSOIRES

Ptolomée donne une bague à Lépide , v. 1100, qu'il reprend tout de suite après. Achille apporte la tête de Pompée, v. 1163 et suivants. Ptolomée voudrait se servir de son épée, mais finira par la casser.

v.880 et suiv: L'histoire du conflit entre César et Pompée et de la mort de celui-ci se trouve dans Plutarque, t.8, ch.77-80. Une source plus proche serait évidemment Corneille, dont *La Mort de Pompée* avait eu du succès au théâtre du Marais en 1642/1643.

v.900: Cf. VA p.98

Cleopatra, den Ptolomaeum traurig vermerckend.

Direction scénique avant les premières paroles de la princesse.

Scène 2: Ptolomée doit être suivi d'Achille, à qui il donnera un ordre.

vv.909-941: Cette série de plaintes et de questions exprime le dilemme du prince faible. La gloire de César domine celle de Ptolomée, qui semble oublier ce qu'il doit à son rang.

vv. 942-949: Le machiavélisme de sa soeur se déclare plus nettement, lorsqu'elle essaie de le convaincre de tuer Pompée afin de s'attirer la protection du plus puissant. Cette Cléopâtre est une création moins raffinée que celle de Corneille, qui avait au moins le prétexte d'une liaison amoureuse.

v.1009: En alléguant la Raison d'Etat comme cause de sa trahison de Pompée, Ptolomée néglige la responsabilité monarchique de maintenir sa gloire.

v.1010-1089: Le monologue de Ptolomée révèle un aspect du personnage que Gillet a choisi de développer pour faire de ce personnage, secondaire chez Corneille, un personnage tragique de premier plan.

v.1042: En adoptant une attitude de tyran, Ptolomée s'efforce de jouer un rôle qu'il n'aura pas le courage de soutenir.

v.1088-89: Ce retour en arrière assure la sympathie du spectateur et prépare la confusion qui s'ensuit.

v.1090: L'entrée de Lépide n'est pas annoncée, mais le contexte suggère une liaison étroite entre les deux scènes. Il faut donc accepter que Lépide arrive par hasard, ce qui expliquerait l'hésitation de Ptolomée.

v.1101-1103: Rappel de la célèbre bague d'Elisabeth Ière dans *Le Comte d'Essex* de La Calprenède en 1639? Mais encore une fois, l'indécision de Ptolomée empêchera l' action qui s'imposait pour sauver sa gloire.

v.1121: Ce vers veut dire que la loyauté des soldats qui suivaient Pompée s'est transférée à César. Cet exemple de vantardise chez Pompée se trouve dans Plutarque, t.8, ch.57, p.234

Scène 6: Comparer la liste des Personnages, où figurent seulement deux princes sans nom.

v.1134 et suiv: La magnanimité de César forme un contraste voulu avec la tyrannie exprimée par Ptolomée à la deuxième scène.

v.1143 et suiv: Le conquérant qui traverse les frontières nationales pour s'attaquer à des voisins paisibles est souvent évoqué au théâtre, surtout dans le personnage d'Alexandre le Grand, héros dont l'ambiguïté de conquérant et d'envahisseur semble fasciner les auteurs de l'époque. Ici César s'excuses de son agressivité dans des termes qu'on retrouvera chez l'Alexandre de Gillet au quatrième acte.

Scène 7: Au cours de cette scène, Achille, qui n'est pas indiqué parmi les figurants, fera son entrée avec la tête de Pompée.

v.1280: Les meschans - Achille et la suite de Pompée, puisque Pompée lui-même ne sera pas prisonnier.

v.1292: Racine connaissait-il cette pièce?

ACTE 4

DECOR

cf.Dessein f.2 ... Alexandre ayant deffaict Darius, vient dans sa chambre Royalle y consoler sa veufve, & voyant la merveilleuse Statira en devient puissamment amoureux, ...

et VN p.46: Zy gaan weder ter zijde van't Tooneel, en het gordijn geopent, vertoont het een heerlijke zaal van't hof van Darius.

v.1358 et suiv: L'histoire d'Oroondate et Statira se trouve dans la Cassandre de La Calprenède. Gillet s'est évidemment servi de détails qui se trouvent dans les six premiers livres.

Scène 3: Le rôle d'Harmin, gentilhomme de Perse, est muet.

v.1413: Ces mots signalent la présence d'Harmin dans la scène suivante, où il n'est cependant pas nommé.

v.1419: Observation inconsciemment ironique, puisque Alexandre est le seul à parler. S'agit-il plutôt d'une fanfare de trompettes pour annoncer l'arrivée du conquérant?

Scène 4: Clite et Amintas sont des rôles muets.

v.1465: Les éditions de 1645 et 1646 donnent la même réponse de la part d'Oroondate, qui cherche à se déguiser en changeant son nom en Oroonte. L'édition de 1648 garde le vrai nom du prince, rendant ainsi invalide son projet de déguisement.

Cf. VA p.138:
(Oroondates, in deme er einen Fussfall thut)
Grossmächtigster König / mein Nahme ist Oroondates.

Cf. VN p.25:
(Oroondaat hem werpende voor des Konings voeten)
Orontes, magtig Vorst.

Faut-il en conclure que les éditeurs en 1648 et le traducteur allemand connaissaient moins bien que Gillet les chassés-croisés de ce roman à succès? Plusieurs épisodes de Cassandre montrent que le héros se sert de deux versions de son nom afin de se déguiser. Chez la Calprenède, le prince en profitera pour s'approcher de plus près de la bien-aimée Statira, et pour confondre ses ennemis.

v.1491 et suiv: Cf. La Calprenède, Cassandre, Lyon, 1646, livre 4, p.478

> ... Quand il connut qu'elles (les femmes de la famille de Darius) estoient en meilleur estat, & qu'il jugea sa Princesse (Statira) de quelque autre discours, il se remit sur les termes d'amour, & luy renouvella ses protestations avec tant d'ardeur, qu'elle en reconnut mieux, qu'elle n'avoit encore fait la violence de sa passion.

Ce ne sera qu'après quelques années d'intervalle qu'Alexandre reviendra à la charge, 'avec plus d'ardeur qu'auparavant'. Ibid. livre 5, p.488

v.1590: Vers de treize syllabes, phénomène rare chez Gillet.

v.1810: Cette dernière action d'Alexandre suggère que la pièce se terminait par un tableau, appuyant ainsi la thèse de l'utilisation d'un rideau à la fin de l'acte.

ACTE 5

ARGUMENT

La source se trouve dans Plutarque, t.5, la Vie de Paul-Emile.

PERSONNAGES

La distribution du cinquième acte contient deux rôles dont les noms se ressemblent tant qu'on croirait à une erreur, n'était-ce que Plutarque raconte que le roi Persée, abandonné par ses amis, arriva à Pella, où il retrouva les chefs de sa Monnaie. Mécontents de la politique royale, les deux conseillers se plaignaient à un tel point que le roi se mit en colère, et les tua à coups de poignard. Ces deux malheureux s'appelaient Euctos et Eulaios. Dans la version néerlandaise, ces deux personnages deviennent un seul, Euktaeus. L'action demande cependant deux personnes, car il serait invraisemblable qu' Euctée, resté au port pour aider le roi, fasse une nouvelle entrée à la quatrième scène pour lui apprendre les mauvaises nouvelles annoncées par Eudée.

Le Candiot, qualifié de 'muet', a toutefois une réplique au vers 1900.

A la scène 8, l'Edile doit être accompagné d'un page, qui apporte le vêtement noir.

DECOR

Cf. Dessein, ...dans une ville où l'on voit un port de Mer & des Temples qui se ressentent des richesses de celuy que l'on y voit reduit, parest Persée, ce riche Roy de Macedonie, qui prest de s'embarquer dans un vaisseau pour eviter la colere du Ciel...

Les éléments du décor figurent dans l'indication scénique au début de la deuxième scène, où il sera question des trésors de Persée et des échelles de corde.

L'action et les discours de ces premières scènes évoquent le rivage, le vaisseau et la mer. La tirade de Persée qui voit partir le vaisseau s'illustre d'éléments pittoresques faisant appel à l'imagination du spectateur. Voir vv.1941-1949.

Parmi les accessoires signalés par les indications scéniques, il faudrait aussi des armes pour Persée, qui menacera Eudée de son épée.

v.1864-65: Il ne s'agit peut-être pas ici de références abstraites, mais plutôt d'accessoires réels, puisque l'Edile viendra chercher les ornements royaux pour les emporter à la huitième scène.

v.1866 et suiv: Cf. Plutarque, t.5, p.83

Alcmène exprime ici les reproches que lui faisaient les conseillers de Persée.

v.1899: Cf. Plutarque, t.5, p.101

v.1934 et suiv: Cf. Plutarque, t.5, p.83

v.2011: L'interruption causée par l'entrée de Paul-Emile sauve la vie à Eudée, qui en profite pour s'enfuir.

Scène 6: Le rôle d'Octavian est muet.

v.2014 et suiv: Cf. Plutarque, t.5, p.102

v.2052: Cf. Plutarque, t.5, p.84

v.2078: Cf. Plutarque, t.5, p.111

v.2089: Ce vers signifie que, selon Persée, ceux qui lui ont volé ses trésors sont des êtres venus de l'enfer.

TABLE DES MATIERES

TEXTES LITTÉRAIRES

Titres déjà parus

I Sedaine LA GAGEURE IMPRÉVUE éd R Niklaus
II Rotrou HERCULE MOURANT éd D A Watts
III Chantelouve LA TRAGÉDIE DE FEU GASPARD DE COLLIGNY éd K C Cameron
IV Th Corneille LA DEVINERESSE éd P J Yarrow
V Pixérécourt CŒLINA éd N Perry
VI Du Ryer THÉMISTOCLE éd P E Chaplin
VII Discret ALIZON éd J D Biard
VIII J Moréas LES PREMIÈRES ARMES DU SYMBOLISME éd M Pakenham
IX Charles d'Orléans CHOIX DE POÉSIES éd J H Fox
X Th Banville RONDELS éd M Sorrell
XI LE MYSTÈRE DE SAINT CHRISTOFLE éd G Runnalls
XII Mercier LE DÉSERTEUR éd S Davies
XIII Quinault LA COMÉDIE SANS COMÉDIE éd J D Biard
XIV Hierosme d'Avost ESSAIS SUR LES SONETS DU DIVIN PÉTRARQUE éd K C Cameron et M V Constable
XV Gougenot LA COMÉDIE DES COMÉDIENS éd D Shaw
XVI MANTEL ET COR: DEUX LAIS DU XXIIe SIÈCLE éd P E Bennett
XVII Palissot de Montenoy LES PHILOSOPHES éd T J Barling
XVIII Jacques de la Taille ALEXANDRE éd C N Smith
XIX G de Scudéry LA COMÉDIE DES COMÉDIENS éd J Crow
XX N Horry RABELAIS RESSUSCITÉ éd N Goodley
XXI N Lemercier PINTO éd N Perry
XXII P Quillard LA FILLE AUX MAINS COUPÉES et C Van Lerberghe LES FLAIREURS éd J Whistle
XXIII Charles Difresny AMUSEMENS SÉRIEUX ET COMIQUES éd J Dunkley
XXIV F Chauveau VIGNETTES DES FABLES DE LA FONTAINE éd J D Biard
XXV Th Corneille CAMMA éd D A Watts
XXVI Boufflers ALINE REINE DE GOLCONDE éd S Davies
XXVII Bounin LA SOLTANE éd M Heath
XXVIII Hardy CORIOLAN éd M Allott
XXIX Cérou L'AMANT AUTEUR ET VALET éd G Hall
XXX P Larivey LES ESPRITS éd M J Freeman
XXXI Mme de Villedieu LE PORTEFEUILLE éd J P Homard et M T Hipp
XXXII PORTRAITS LITTÉRAIRES: Anatole France CROQUIS FÉMININS; Catulle Mendès FIGURINES DES POÈTES; Adolphe Racot PORTRAITS-CARTES éd M Pakenham
XXXIII L Meigret TRAITÉ … DE L'ESCRITURE FRANÇOISE éd K C Cameron
XXXIV A de la Salle LE RÉCONFORT DE MADAME DE FRESNE éd I Hill
XXXV Jodelle CLÉOPATRE CAPTIVE éd K M Hall
XXXVI Quinault ASTRATE éd E J Campion
XXXVII Dancourt LE CHEVALIER À LA MODE éd R H Crawshaw
XXXVIII LE MYSTÈRE DE SAINTE VENICE éd G Runnalls
XXXIX Crébillon père ÉLECTRE éd J Dunkley
XL P Matthieu TABLETTES DE LA VIE ET DE LA MORT éd C N Smith
XLI Flaubert TROIS CONTES DE JEUNESSE éd T Unwin
XLII LETTRE D'UN PATISSIER ANGLOIS, ET AUTRES CONTRIBUTIONS À UNE POLÉMIQUE GASTRONOMIQUE DU XVIIIe SIÈCLE éd S Mennell
XLIII Héroët LA PARFAICTE AMYE éd C Hill
XLIV Cyrano de Bergerac LA MORT D'AGRIPPINE éd C Gossip
XLV CONTES RÉVOLUTIONNAIRES éd M Cook